대기업
합격자의
비밀노트

대기업 합격자의 비밀 노트

초판 1쇄 발행 2020년 7월 17일

지은이 조영관
펴낸곳 글라이더 **펴낸이** 박정화
편집 이정호 **디자인** 디자인뷰 **마케팅** 임호
등록 2012년 3월 28일 (제2012-000066호)
주소 경기도 고양시 덕양구 화중로 130번길 14(아성프라자 601호)
전화 070)4685-5799 **팩스** 0303)0949-5799 **전자우편** gliderbooks@hanmail.net
블로그 http://gliderbook.blog.me/
ISBN 979-11-7041-039-3 03320

책값은 뒤표지에 있습니다.
잘못된 책은 바꾸어 드립니다.

이 도서의 국립중앙도서관 출판예정도서목록(CIP)은 서지정보유통지원시스템
홈페이지(http://seoji.nl.go.kr)와 국가자료공동목록시스템(http://www.nl.go.kr/
kolisnet)에서 이용하실 수 있습니다.(CIP제어번호: CIP2020027424)

대기업
합격자의
비밀노트

조영관 지음

글라이더

대기업 취업 합격자에게는
모두 **합격 비밀**이 있다!

취업의 난이도가 해가 갈수록 어려워지고 있습니다. 많은 대기업이 공채를 없애고 수시 채용으로 전환하고 있습니다. 이 변화의 의미는 기업이 필요할 때만 사람을 채용하겠다는 것입니다. 언제 채용할지 예측할 수 있던 과거와 달리, 이제는 주기적으로 기업 홈페이지에 들어가 공고가 나왔는지 확인해야 합니다. 채용 규모도 조금씩 줄어들고 있습니다. 특히 최근 코로나 사태로 인해 경기가 위축되고 많은 기업이 타격을 받으면서 사람을 뽑지 않으려는 경향이 보입니다.

외부 문제뿐만이 아닙니다. 취업을 준비할 때에도 많은 난관이 있습니다. 수많은 취업 전문가가 취업포털과 유튜브에서 '합격하는 법'을 주제로 많은 콘텐츠를 공유하고 있습니다. 그래서 좋은 정보를 쉽게 얻을 수 있습니다. 다만 아쉬운 것은 항상 평가자, 인사담당자 입장이라는 점입니다. 실제 취업 과정을 거친 후 성공한 관점에서, 그들이 '꿀팁'이라고 정의하는 비결은 깊게 와닿지 않습니다. 채용 트렌드는 매년 조금씩 바뀝니다. 저는 은퇴한 인사담당자가 제시하는 낡은 팁보다 직접 경험하고 부딪힌 선배의 경험이 더 와닿을 것이라 생각했습니다.

저는 여기서 현 취업 준비의 문제를 발견했습니다. 인사담당자의 말은 도움이 될 수 있으나, 당장 어떻게 준비해야 하는지는 알 수 없다는 것입니다. 실질적으로 어떻게 자기소개서를 써야 하는지, 면접은 어떻게 준비해야 하는지 구체적인 템플릿이나 예시를 제시해주는 사람이 없습니다. 그래서 취업 준비를 할 때 항상 답답함을 느꼈습니다. 옆에서 하나하나 친절하게 알려주는 취업 선배가 있으면 좋겠다고 생각했습니다.

저는 현재 대기업에 다니고 있는 직장인입니다. 짧다면 짧고 길다면 긴 취업 기간이었지만 저는 그 시간을 알차게 보냈습니다. 취업 정보를 얻기 위해 열심히 검색하고 채용 설명회도 많이 다녔습니다. 채용 전형별로 컨설팅도 받았습니다. 그렇게 경험과 정보를 쌓아 가면서 저만의 취업 비결을 축적할 수 있었습니다.

하지만 처음부터 잘 준비한 것은 아니었습니다. 처음 인턴 준비는 정말 아무것도 모른 채 준비했습니다. 맨땅에 헤딩하는 심정으로 모든 과정을 스스로 헤쳐나가려 했습니다. 두 번의 인턴 준비와 한 번의 정규직 취업 준비를 하다 보니 저에게 필요한 것이 눈에 보이기 시작하고, 어떤 역량을 갖춰야 할지 깨달았습니다. 필요한 정보와 불필요한 정보를 구분할 수 있는 능력, 매력 있는 자기소개서를 쓰는 방법, 인·적성 전형 고득점 방법, 면접 전형에서 나를 어필하는 방법 등이었습니다. 저는 실전에서 부딪히며 배워간 셈입니다.

"공대생인데 그렇게나 열심히 취업 준비를 할 필요가 있나?"라고 질문하는 사람들 많이 있었습니다. 하지만 제가 하고 싶은 일은 공대 직무와 거리가 먼 것이었습니다. 어차피 한 번 입사하면 최소 몇 년에서 길게는 정년까지 근무할 테니 이왕이면 자신이 잘할 수 있고 질리지 않을 직무, 그리고 충분히 검증된 좋은 회사를 선택하는 것이 낫겠다 싶었습니다. 그래서 제가 하고 싶은 분야의 경쟁력을 키우기 위해 공부를 열심히 하고 스펙도 잘 쌓아 갔습니다. 결과적으로는 취업에 성공했고, 지금 매우 만족하며 회사에 다니고 있습니다. 제가 하고 싶은 일을 하고 있습니다.

저는 대기업에 들어가기를 희망하는 사람들을 염두에 두고 이 책을 썼습니다. 제가 하고 싶은 말은 명확합니다. 이 책에서 소개한 저의 전략을 완벽하게 숙지하고 있으면, 대기업에 어떻게 합격할 수 있을지 감이 잡힐 것입니다. 회사가 선택하는 지원자가 아니라 회사를 선택하는 지원자가 될 수 있습니다. 저는 최근 취업 준비를 한 선배로서 취업 준비생의 고충을 잘 알고 있기에, 일 대 일 지도를 하는 것처럼 명확하게 방향성을 잡아주고, 합격으로 가는 핵심을 알려주고자 글을 썼습니다.

외부의 취업 환경이 힘들다고 해서 흔들릴 필요는 없습니다. 여전히 많은 대기업은 신입사원을 뽑으려고 하고, 공고도 계속 정기적으로 올라옵니다. 우리에게 희망이 여전히 있습니다. 취업의 본질을 잘 꿰고 있다면 경쟁률이 어떻든 지원자들이 어떻든 상관없이 합격할 수 있습니다.

이제부터 대기업에 취업하기 위해, 내가 원하는 회사로 입사하기 위해 어떤 노력을 해야 하는지 저만의 비법을 하나하나 알려주려고 합니다. 서류 전형, 인 · 적성 전형, 면접 전형에는 합격으로 나아갈 수 있는 핵심이 있습니다. 이 책에서 그 핵심을 잘 활용하는 전략을 소개하려 합니다. 이 책을 통해 취업 준비생 여러분이 대기업 취업의 승리자가 되기를 희망합니다.

2020년 7월
조영관

차례

2장 인·적성 시험 무조건 합격하는 법

3장 면접의 주도권을 나에게 가져오는 법

4장 **취업 준비 때 꼭 알아두어야 할 꿀팁**

1장

100점 만점
자기소개서
쓰는 법

1
자기소개서를
잘 써야 하는 이유

같은 경험이어도 완전히 다른 자기소개서가 될 수 있다

대부분의 기업 채용 프로세스는 비슷하다. 서류 전형 – 인·적성 시험 전형 – 면접 전형이다. 서류 전형은 항상 채용 과정의 첫 번째에 자리 잡고 있는데 크게 두 가지로 이력서와 자기소개서로 나뉜다.

지원자는 서류 전형을 통과하기 위해 이력서에 '좋은 스펙'을 남겨야 하며, 자기소개서에 '자신만이 할 수 있는 이야기'를 잘 녹여내야 한다. 이력서는 사실만을 기록한 자신의 '스펙'이기 때문에 지금 당장 바꿀 수가 없다. 그래서 자기소개서에 주목해야 한다. '자신만이 할 수 있는 이야기'는 특별한 경험을 말하는 것이 아니다. 자기가 경험한 것을 자신만의 스타일로 풀어내는 것이다. 어떤 경험이든 상관없다. 다른 지원자들과 비슷한 경험이라 해도 어떻게 이야기를 하는지에 따라 완전 다른 자기소개서가 된다. 이것이 핵심이다. 이 차이로 매우 매력적인 자기소개서가 될 수도 있고, 제대로 읽히지도 않고 걸러지는 자기소개서가 될 수도 있다.

자기소개서 필터링은 존재한다

자기소개서를 화려하게까지는 아니어도 정성을 담아서 잘 써야 하는 이유가 있다. 첫 번째 이유는 '자기소개서 필터링'에서 안전하기 때문이다. 지원자의 자기소개서는 인사팀뿐 아니라 현업에 종사하는 직원들도 평가한다. 채용 규모가 크지 않다고 해도 무수히 많은 사람이 대기업에 지원한다. 내가 지원한 회사 중 하나를 예로 들면, 약 50명을 뽑을 예정인데 3,000명이 넘게 지원했다. 3,000개의 자기소개서는 인사팀만 보기에 양이 너무 많다. 그래서 현업 실무자들에게도 나누어 준다.

그런데도 한 명의 평가자가 읽어야 할 자기소개서는 여전히 많다. 50명의 평가자가 있다고 해도 3,000개의 자기소개서라면 한 사람당 60장을 읽어야 한다. 문제는 여기서 발생한다. 그들은 현업 업무를 하기에도 바쁘다. 그래서 최대한 효율적으로 자기소개서를 읽어야 한다.

평가자가 읽어야 할 수많은 자기소개서 중에 읽을 필요가 없는 자기소개서를 걸러내는 작업이 '필터링'이다. '필터링' 된 자기소개서는 제대로 읽히지도 않은 채 걸러진다. 나는 실제로 지원자들의 자기소개서를 채점한 실무자의 얘기를 들었다. 실무자의 말에 따르면 몇 개의 '필터링' 조건이 있다.

1)글자 수를 잘 채웠는가?

보통 자기소개서 질문 하나당 1,000자 이내를 요구한다. 그런데 놀랍게도 지원자의 절반은 500~600자 이하로 쓴다. 500~600자는 너무 적다. 적게 쓴 지원자는 무조건 '필터링' 대상이다. 그래서 900자 이상을 채우는 것이 좋다.

2)맞춤법과 문맥 흐름 완성도 여부

맞춤법을 제대로 쓰지 않고 앞뒤 문맥의 흐름이 어색해서 이해하기 어려운 자기소개서는 '필터링' 된다. 맞춤법과 문맥 흐름을 자연스럽게 하는 것은 지원자가 갖춰야 할 기본 소양이다. 맞춤법에 자신이 없다면 한글 편집프로그램을 켜서 F8을 누르고 교정 교열 기능을 활용하는 것을 추천한다.

3)자기 생각이 담기지 않은 나열식 서술

예를 들어, '저는 ~ 했습니다. 그리고 ~했습니다.'와 같은 단순 나열은 '필터링' 된다. 위에서 언급했듯이, 같은 경험이라도 어떻게 서술하는지에 따라 큰 차이가 난다. 그 차이는 바로 '경험을 통해 얻은 자기 생각, 배운 점'에서 나온다. 이 요소가 없다면 인사담당자에게 매력적인 자기소개서로 읽히지 않는다.

나름대로 정성스럽게 썼다고 생각했는데, 제대로 읽히지도 않고 '필터링' 된다면 얼마나 억울할까? 위의 세 가지 필터링만 잘 피해도 반은 먹고 들어간다. 채점자가 '읽어보기는' 하는 것이다.

자기소개서는 무조건 면접과 연결된다

우리가 자기소개서를 잘 써야 하는 두 번째 이유는 면접과 연결되기 때문이다. 면접을 볼 때 자기소개서가 매우 큰 영향을 미친다. 면접 전형에서 자기소개서 점수가 직접 반영된다고 할 수는 없다. 하지만 면접관이 지원자에게 하는 모든 질문은 어디까지나 자기소개서를 바탕으로 이루어진다. 그래서 자기소개서를 잘 쓰는 것은 면접을 잘 보는 것과 매우 관련이 크다고 말할 수 있다.

예를 들어, 자기소개서에 자신의 인턴 경험을 잘 녹여내면 면접관은 이 이야기가 궁금해질 수밖에 없다. 인턴 때 자신이 맡은 업무가 무엇이었는지, 어떤 것을 배웠는지 등 자세히 질문할 것이고, 지원자의 답변에 따라 꼬리에 꼬리를 무는 질문을 계속할 것이다. 압박 질문은 지원자를 곤혹스럽게 하지만, 자기소개서를 쓸 때 고민을 많이 하면서 작성하면 충분히 질문을 예상할 수 있다. 그래서 면접 때 유연하게 대처할 수 있다. 신중히 고민하여 쓴 좋은 자기소개서는 면접 준비를 더 수월하게 한다.

지원자는 면접 대비를 하면서 계속 자기소개서를 볼 수밖에 없고, 자기소개서를 잘 썼다면 예상 질문에 대한 답변을 풀어가기에도 훨씬 수월하다. 반면에 못 썼다면 무슨 질문이 나올지 예상도 못 하는 상황이 벌어진다.

면접의 단골 질문인 1분 자기소개를 예로 들어보자. 1분 자기소개는 면접관이 지원자의 자기소개서를 꼼꼼히 읽어볼 수는 없어서 지원자가 자신의 강점 및 직무 관련 경험을 강렬하게 어필하도록 기회

15

를 주는 것이다. 만약 자기소개서를 잘 썼다면 면접 답변을 심사숙
고할 필요도 없다. 자기소개서에 담긴 내용 중 알짜 핵심만 골라서
정리하면 끝이다. 그래서 '면접 답변 스크립트'를 만들 때 매우 수월
하다. 여기서 면접 답변 스크립트는 면접에 대비해 미리 답변을 써
놓는 글을 말한다.

좋은 자기소개서는 글을 평가해야 하는 면접관에게도 득이 된다.
그들은 많은 지원자와 면접해야 하므로 시간이 촉박하다. 지원자의
자기소개서를 꼼꼼히 볼 여유가 없다. 그런데 자기소개서가 지원자
의 경험과 생각 위주로 잘 쓰여 있다면 지원자가 강조하는 역량을
한눈에 확인할 수 있다. 그래서 면접관은 실제 면접을 볼 때 이 부분
을 더 자세하게 검증만 하면 된다. 더 자세하게 검증하기 시작한다
는 것은 지원자가 자신을 어필하기가 더 유리해졌다는 것이다. 자기
소개서를 잘 쓰면 면접을 볼 때 다른 지원자보다 이미 한 발 더 앞
서 있게 된다.

인·적성 시험 전형의 합격 여부에 영향을 미친다

자기소개서를 잘 써야 하는 마지막 이유는 인·적성 전형 합격 여
부에 연결되기 때문이다. 많은 지원자가 이 사실은 모른다. 인·적성
전형은 '시험만 잘 보면 되는 것 아냐?'라고 생각할 수 있다.

내가 수집한 취업 준비생들의 시험 결과 데이터를 분석해보면, 많
은 대기업이 인·적성 시험 전형에서 시험 결과만으로 합격 여부를
결정하지 않고 서류 점수를 같이 본다. 내가 본 인·적성 시험 결과 표

본, 그리고 주변 취업 준비생들의 인·적성 시험 결과 표본을 종합해 보면 '인·적성 시험' 점수로만 합격을 결정했다고 하기에는 이상한 점이 있다. 시험을 더 못 본 사람들이 붙는 일도 있기 때문이다. 나도 그랬다. 다른 사람보다 시험을 못 봤지만 붙은 적이 있다.

즉 인·적성 시험 전형의 합격 여부는 단순히 '시험 결과'로만 판단하지 않는다는 것을 알 수 있다. 그래서 나는 많은 대기업이 인·적성 시험에서 인·적성 시험 결과와 서류 점수 결과를 같이 본다고 생각한다. 자기소개서를 잘 써서 서류 점수에서 높은 점수를 받았다면, 인·적성 시험에서 다른 사람들보다 조금 덜 잘 보더라도 합격할 기회가 있다.

결론

모든 취업 준비생이 취업하기 위해 뚫어야 하는 첫 관문이 바로 '서류 전형'이다. 서류 전형의 중심에는 자기소개서가 있다. 흠잡을 데 없는 자기소개서를 만들려면 시간을 많이 투자해야 한다. 그래서 채용 프로세스 중에 준비 시간이 제일 오래 걸린다. 많은 취업 준비생이 자기소개서를 '자소설'이라고 하는 이유는 더 완벽한 자기소개서를 만들기 위해서다. 시간과 노력을 들여 좋은 자기소개서를 만든다면 최종 합격을 위한 과정이 훨씬 쉬워진다는 것은 필연이다.

2
모든 회사에 적용할 수 있는
만능 템플릿

자기소개서를 쓸 때 만능 템플릿은 필수

내가 처음에 취업을 준비할 때는 자기소개서 쓰는 요령을 몰랐다. 자기소개서를 작성하는 데 하루를 다 써야 했다. 하루를 온전히 다 썼다고 해서 마음에 드는 자기소개서를 쓴 것도 아니었다. 그래서 마감 기한을 못 맞춘 회사도 있었고, 마음에 들지 않는 자기소개서를 그대로 제출한 회사도 있었다.

이렇게 시행착오를 거친 후, 어느 대기업이든 적용할 수 있는 자기소개서 템플릿을 만들어야겠다고 생각했다. 본격적으로 취업을 준비하는 취업 준비생이라면 꼭 템플릿을 만들어야 한다. 적게는 10개, 많게는 100개 넘게 지원할 텐데, 템플릿이 없다면 마감 기한과 자기소개서의 퀄리티 둘 다 놓칠 수 있다.

만능 템플릿 작성법

이제부터 모든 회사에 적용할 수 있는 템플릿을 작성하는 법을 알아보자. 1개의 템플릿은 총 5개의 모듈로 구성된다.

①미래 목표

②성격 및 강점

③경험1(전공/직무 관련 프로젝트)

④경험2(협업 경험)

⑤경험3(직무 관련 실무 경험)

1. 미래 목표

미래 목표 모듈을 작성할 때는 구직자가 희망하는 직무와 잘 연결될 수 있게 맞추는 것이 좋다. 지원한 직무와 동떨어진 미래 목표를 작성하면 곤란하다. 일관성 없는 지원자로 평가될 수도 있기 때문이다. '미래 목표' 모듈은 거창하고 길게 작성할 필요가 없다. 한두 문장 정도 간결하게 표현하는 것이 좋다.

[모듈 1] 미래 목표 (예시)

저는 데이터 분석을 통해 유의미한 인사이트를 얻고 그에 적합한 솔루션을 개발하는 데이터 사이언티스트가 되는 것이 목표입니다.

나는 데이터 사이언스 직무 위주로 지원했다. 그래서 위와 같은 미래 목표를 작성했다. 이런 식으로 직무와 일관성 있는 목표를 작성하는 것이 좋다. 다만 템플릿이므로 여러 회사에 적용할 수 있는 포괄적 목표를 쓰는 것이 좋다. 너무 구체적이면 다른 회사를 지원할 때마다 수정해야 하기 때문이다.

2. 성격/강점

성격/강점 모듈은 자신의 성격/강점 중 회사 생활에 도움이 되는 것을 한두 개 골라 작성하는 것이다. 이 모듈에서는 직무 관련 역량을 보여주는 것이 아니다. 직무 관련 역량은 추후 설명할 경험 모듈에서 충분히 녹여낼 수 있다. 이 모듈에서는 자신의 성격 중에서 장점을 강조하는 것이다.

개인적으로 추천하는 성격은 '열정'과 '소통'이다. 회사는 지원자를 평가할 때 직무역량을 중요하게 보지만, 지원자가 회사 조직에 잘 녹아들고 적극적으로 업무를 수행할 수 있는지도 확인한다. 그런 점에서 자신의 장점으로 '열정'과 '소통'을 강조하면 회사에서 요구하는 인재상에 충분히 부합한다고 볼 수 있다.

[모듈 2] 성격/강점 (예시)

[열정]

저는 제가 하는 일에 열정을 강하게 쏟는 편입니다. 제가 필요하다고 느끼고, 해야 하는 일이라고 생각하면 반드시 제가 만족할 만한 성과를 이룰 때까지 실행하는 편입니다.

[소통]

저는 사람들과 함께 소통하며 일하는 것을 좋아합니다. 사람들과 원활하게 소통하면 반드시 좋은 결과를 나오리라 믿습니다. 타인과 협업 면에서의 저의 장점은 주도적으로 나서서 일을 이끌어 나가는 것을 좋아한다는 것입니다. 그래서 팀 프로젝트나, 집단에서 리더를 맡은 경험이 다수 있습니다. 사람들이 꺼리는 일을 먼저 나서서 하려고 노력하고, 항상 팀원들과 같이 소통하며 즐겁게 일을 하려고 노력합니다.

이렇게 '열정'과 '소통'을 중심으로 장점을 어필했다. 내용이 너무 길지 않은 것이 좋다. 성격/강점 모듈은 '메인 요리'라기보다 '소스' 역할을 할 때가 많으므로 200~300자 정도만 작성해도 충분하다.

3. 경험1-전공/직무 관련 프로젝트

경험1 모듈은 '전공/직무 관련 프로젝트' 모듈이다. 직무 관련 역량을 어필하기 위해서는 전공 수업 또는 팀 프로젝트 관련 경험과 직무 관련 실무 경험이 필요하다. 그중 첫째인 전공/직무 관련 프로젝트 경험을 '경험 1' 모듈에 담으면 된다.

전공 수업 과제의 내용이나 직무 관련 팀 프로젝트 의 경험을 담는 것도 좋다. 직무 관련 경험이라면 어떤 경험이든 좋다. 다만, 자신이 맡은 역할과 경험 과정이 구체적이어야 한다. 자신의 역할이 작거나 과정이 잘 기억나지 않으면 작성해서는 안 된다.

[모듈 3] 경험 1 - 전공/직무 관련 프로젝트 (예시)

저는 팀원을 모아 '교내 학부생 대상 사물함 배정 및 위치 선정 최적화'를 주제로 팀 프로젝트를 진행하였습니다. 이 주제를 선정한 이유는 학생들의 불편함을 해소하기 위해서였습니다. 사물함이 무작위로 배정되다 보니 학생들이 사물함을 이용하고 강의실로 이동할 때 동선이 꼬이는 문제가 발생했고, 결국 학생들이 사물함을 점점 이용하지 않자 저는 이 이 프로젝트를 시작하게 되었습니다.

프로젝트의 목표는 학생들의 동선과 수업 장소를 고려하여 사물함과 학생 간 배정 관계를 최적화하는 것이었습니다. 추가로 비용 최소화를 위해 사물함의 위치 선정도 고민해보았습니다. 먼저 학교 건물 간 거리와 학생들의 하루 동선 데이터를 수집했습니다. R을 활용하여 데이터를 가공하고, 수업 시간에 배운 다익스트라 알고리즘 모델로 데이터 분석을 진행하였습니다.

결과적으로 학생 개개인의 사물함 사용을 고려할 때의 최소 동선을 얻을 수 있었습니다. 이 결과를 이용해 학생들의 동선 낭비를 최소로 하는 최적의 사물함 배정 계획을 수립할 수 있었습니다. 한 단계 더 나아가, 사물함의 위치를 설치할 권한이 있다고 가정할 때, 학교의 보유 자원과 학생의 수요 등 제약 조건을 추가로 고려하여 어느 건물에 사물함을 설치해야 할지를 결정하였습니다. 제가 수행한 프로젝트를 통해 기존의 사물함 무작위 배정 설계와 달리, 학생들과 학교 양측 모두에게 만족도 높은 모델을 설계할 수 있었습니다. 프로젝트를 수행하면서 데이터 분석을 통해 기존 문제를 개선하고 해결하는 것이 값지고 의미 있는 일이라고 느꼈습니다.

개인적으로 내가 좋아하는 모듈이다. 글을 잘 쓰는 카피라이터도 아니고 전문 컨설턴트도 아니지만, 내 경험을 잘 담아낸 글이라고 생각한다. 글을 보면 내가 강조하려던 것이 잘 드러나 있다. 프로젝트 진행 과정이 구체적으로 보이고, 그 안에서 내가 어떤 분석을 진행했는지(어떤 역할을 맡았는지)가 명확하게 작성되어 있다. 위의 예시처럼 자신의 경험 중 희망 직무와 관련해 구체적으로 이야기를 풀어낼 수 있는 경험을 선택하면 된다.

4. 경험2-협업 경험

네 번째 모듈에는 협업 경험을 담아야 한다. '협업'은 대부분 회사에서 중요시하는 것이다. 많은 사람과 팀이 모여 조직 생활을 하다 보니 팀원 간의 협업이 매우 중요하다. 회사 생활의 90%는 협업이다. 회사는 원활한 협업을 위해 사람 사이의 커뮤니케이션을 매우 강조한다. 신입사원 교육에도 항상 협업 관련 교육이 있다. 비즈니스 에티켓, 커뮤니케이션, 경청 등을 배운다.

회사는 직원들에게 협업을 강조하므로 신입사원을 채용할 때 요구 역량으로 '협업 능력'을 꼭 포함한다. 구직자는 협업과 관련하여 자신을 어필할 경험 하나는 꼭 가지고 있어야 한다.

[모듈 4] 경험 2 – 협업 경험 (예시)

저번 학기에 팀 프로젝트를 진행한 경험이 있습니다. 저는 리더로서 다양한 아이디어를 제시하였습니다. 처음에는 제 아이디어에 대해 긍정적으로 생각한 팀원들이 시간이 지나자 열심히 하려는 의지를 보이지 않았습니다. 그래서 처음엔 저 혼자 많은 짐을 지려고 하였습니다. 하지만 혼자 하다 보니 그 후의 구체적인 서비스 설계에서 좋은 방법이 생각나지 않았습니다. 그래서 팀원들의 적극적 참여와 생산성 있는 프로젝트 회의 진행을 위해 최선을 다했습니다. 먼저 공동의 목표를 팀원들에게 반복하여 환기하였습니다. 팀원들이 더욱 편하게 의견을 제시할 수 있는 환경을 만들었습니다. 아이디어가 제시됐을 때 제 기준으로 좋다 나쁘다고 판단하지 않고 팀원 모두의 의견에 귀를 기울였습니다. 프로세스를 다 완료하고 팀원들 간에 얼어있던 마음의 벽을 깨고 나니, 그 후의 구체적 서비스 설계 및 추가 분석은 빠르게 진행될 수 있었습니다. 팀원들끼리 격려하며 끊임없이 소통하고 피드백하는 것이 좋은 결과를 달성하는 데 매우 중요하다는 것을 배울 수 있었습니다. 자신의 기준으로만 상대의 의견을 판단하지 않아야 하고, 겸손하게 경청하고 배려해야 한다는 것을 느낄 수 있었습니다.

협업 경험 모듈 역시 어떤 경험이든 다 좋다. 중요한 것은 어떤 경험을 했는지가 아니다. 그 갈등 상황에서 자신이 어떻게 협업했는지, 그 협업을 통해 무엇을 배웠는지를 구체적으로 작성해야 한다.

협업 경험을 강조하려면, 자신의 협업 과정이 두드러지는 상황이 드러나야 한다. 이왕이면 '갈등 상황'을 담는 것이 좋다. 갈등 상황에서 자신이 기지를 발휘해 어떤 식으로 해결했다는 전개가 있다면, 평가자도 지원자의 협업 역량을 더 명확하게 파악할 수 있다.

5. 경험 3 - 직무 관련 실무 경험

마지막 모듈은 직무 관련 실무 경험이다. 제일 추천하는 경험은 기간이 짧더라도 인턴십이나 실무 관련 계약직(아르바이트) 경험이다. 인사담당자가 실무 경험을 매우 중요시하기 때문이다. 인턴십 같은 실무 경험은 일거양득의 효과를 가진다. 직무 관련 경험도 충분히 어필할 수 있고, 회사 조직 생활을 하며 '협업'하는 능력을 길렀다는 것을 어필할 수 있기 때문이다. 가능하다면 인턴십 경험을 스펙으로 보유하고 있는 것이 매우 좋다.

금턴이라서, 계약직 경쟁률도 빡빡해서 실무 경험을 하지 못했다면 어쩔 수 없다. 그러면 플랜 B로 가야 한다. 실무 경험을 대체할 수 있는 것은 공모전 수상 경험, 학회 기업 연계 프로젝트 경험이다. 이 경험도 없다면 최후의 플랜 C는 '경험 1' 모듈을 두 개 쓰는 것이다. 전공/팀 프로젝트 관련 경험 모듈을 두 개 작성한다.

'경험 3' 모듈을 작성하는 방식은 '경험 1' 모듈 작성 방식과 같다. 자신의 경험 과정을 구체적으로 쓰고, 그 안에서 어떤 역할을 했고 무엇을 배웠는지를 작성하면 된다.

[모듈 5] 경험 3 - 직무 관련 실무 경험 (예시)

○ ○ 회사에서의 실무 경험

빅데이터를 분석하는 직무를 맡아 전반적인 데이터 분석 프로세스를 수행하였습니다. 저의 분석 주제는 회원 이탈 고객 예측 및 방어 전략이었습니다. 전처리 과정 후 이 주제에 적합한 분석 모델을 고민했습니다. 분석 모델 공부를 위해 한 수많은 구글 서치, 개발자 블로그, 논문을 참고하였습니다. 마지막으로 분석 모델을 통해 도출한 결과로 인사이트를 얻었습니다. 그 인사이트를 바탕으로 고객의 이탈 패턴을 추정하였고, 이탈 방지를 위한 고객군 특징별 맞춤형 전략을 제시하였습니다. 인턴 경험을 통해 직접 빅데이터를 다루면서 빅데이터에 대한 이해와 데이터 분석 능력을 향상할 수 있었습니다. 또 실무 선배의 커리어 경험 및 직무 노하우를 들으면서 데이터 분석가로서 가져야 하는 마음가짐과 끊임없이 공부하고 변화에 빠르게 적응해야 한다는 것을 배웠습니다. 통찰력 향상을 위해 어떻게 노력해야 할지를 고민해보는 기회가 되었습니다. 이는 다음 회사 인턴 과제 수행으로 이어졌고, 버즈 분석 및 매출 분석을 통해 소비자의 니즈에 대한 인사이트를 도출하고 전략을 제시하여 긍정적인 평가를 받았습니다.

앞의 예시처럼 직무 관련 실무 경험을 구체적으로 작성할수록 더욱 신뢰가 가는 자기소개서를 만들 수 있다. 구체적 실무 경험을 담을수록 실무진 면접에 유리하게 작용한다. 지원자 자신이 직무역량을 어필하기 위해 실무 경험을 제시하면, 면접관은 그 경험을 더 구체적으로 알려고 할 것이다. 자기소개서와 함께 면접 답변이 시너지를 내어 면접관에게 더 강하게 어필할 수 있다.

직무 관련 실무 경험은 템플릿의 핵심이자 자기소개서의 완성이다. 다른 모듈도 매우 중요하지만, 실무 경험 모듈이 있어야 자기소개서의 힘이 더 강해진다. 만약 실무 경험이 없다면 지금도 늦지 않았으니 각 대학교의 경력개발센터를 활용해 인턴 지원을 권한다.

이렇게 5개의 모듈을 다 완성했다면 하나의 만능 템플릿이 완성된 것이다. 이제부터는 자기소개서를 쓰는 일이 간단해진다. 요구하는 질문에 맞게 필요한 모듈을 골라서 답변란에 붙여주면 된다. 어떻게 모듈을 붙여서 답변을 작성하는지는 다음 장에서 알아보자.

결론

만능 템플릿은 자기소개서를 쓸 때 매우 유용하다. 시간을 많이 단축할 수 있기 때문이다. 나도 만능 템플릿을 완성한 후로 자기소개서를 쓰는 속도가 3배로 빨라졌다. 예전에는 하루에 한 회사의 자기소개서가 한계였는데, 템플릿을 만든 후 하루에 세 편이나 작성할 수 있었다. 시간을 단축할 수 있다는 것은 정말 좋은 점이다. 단축한 시간을 기업분석에 더 투자할 수 있고, 더 퀄리티 높은 자기소개서를 완성할 수 있기 때문이다.

3
자기소개서 질문 유형 1 :
'자유로운 소개 (성장 과정)' 답변 작성법

자기소개서 질문 패턴 다섯 가지

템플릿만으로는 자기소개서를 완벽하게 쓸 수 없다. 템플릿은 자기소개서의 중심 골격이지만, 골격에 살을 붙이는 작업이 필요하다. 템플릿을 핵심으로 삼되, 질문의 속성에 맞게 회사에 맞게 유연하게 쓸 줄 알아야 한다.

'자유로운 소개', '지원동기' 등 어떤 질문에 답하냐에 따라 써야 할 템플릿 모듈이 다르고 살을 붙여야 할 내용이 다르다. 그래서 자기소개서를 효율적으로 쓰기 위해 어떤 질문이 자기소개서에 빈번하게 나오는지 알아야 한다.

기업이 요구하는 자기소개서 질문은 다양하지만, 그것을 다섯 가지로 정리하면 ①자유로운 소개(성장 과정) ②지원동기 ③희망 직무 선택 사유 ④열정을 가지고 노력한 활동 ⑤입사 후 목표 및 포부다.

그중 핵심인 '자유로운 소개(성장 과정)'에 대해 알아보자.

자유로운 소개(성장 과정)의 핵심

'자유로운 소개'는 말 그대로 나를 1,000자에 담으라는 것이다. 1,000자 안에 어떻게 담는지에 따라 합격 프리패스를 할 수도 있고 필터링 될 수도 있다. 따라서 '자유로운 소개'는 1,000자라는 제한된 분량 안에서 핵심만 알차게 구성해야 한다. 그래야 짧은 글 안에서 지원자의 모든 역량을 드러낼 수 있기 때문이다.

취업은 직무 능력을 충분히 보유한 신입사원을 뽑는 것이다. 인성 검증은 면접으로 미뤄두고, 서류 전형만 봤을 때는 직무 능력을 평가하기 위해 자기소개서를 본다. 그래서 '자유로운 소개'에는 자신의 직무역량을 중점적으로 어필하는 것이 중요하다.

단순히 '나는 직무역량을 보유하고 있다!'로 끝내면 안 된다. 이 역량을 가지고 있다는 것을 뒷받침할 경험 사례가 같이 있어야 한다. 여기에 더해 자신이 쌓은 직무역량과 회사에서 이루고 싶은 목표를 엮으면 훌륭한 '자유로운 소개'가 된다. '자유로운 소개'의 본질은 과거에 쌓은 경험을 통한 직무역량 어필 + 내가 보유한 강점을 통해 이 회사에 어떻게 도움이 될지를 제시하는 것이다.

이 질문의 요구 사항은 명확하다. 자유로운 경험을 아무거나 작성하는 것이 아니라, 내 직무역량을 보여줄 수 있는 경험을 소개하는 것이다.

'자유로운 소개' 답변 작성법

자기소개서의 요구 사항은 회사마다 조금씩 다르지만, 요구의 본질은 거의 같다. 어떤 질문이든 지난 장에서 소개한 템플릿에서 벗어나지 않는다. 이제부터 템플릿을 활용해 '자유로운 소개'를 어떻게 작성하는지 설명하겠다.

이 질문에 대해 다음과 같이 템플릿 모듈 세 개를 활용하여 답변을 작성했다.

[모듈 1] 미래 목표
[모듈 3 또는 5] 전공/직무 관련 프로젝트 또는 직무 관련 실무 경험
[모듈 2] 성격과 강점
[미래 목표와 강점을 회사와 엮어서 포부 작성]

이렇게 모듈 1, 3 또는 5, 2를 순서대로 활용했다. 마지막에 자신과 회사를 엮어서 포부를 제시한 후 글을 마쳤다. 모듈 3이나 5로 쓴 이유는 둘 중 어떤 경험을 써도 좋다는 것이다. 실무를 조금 더 어필하고 싶다면 5번 모듈을 쓰면 되고, 전공 및 프로젝트 경험을 통해 성장한 것이 더 많다고 생각되면 3번 모듈을 쓰면 된다.

템플릿을 쓸 때 중요한 것은, 템플릿에 작성한 내용을 그대로 붙이기만 하면 안 되고, 앞뒤 문장 호응을 고려하여 조금씩 변형해야 한다는 것이다. 그래야 글 전체의 흐름이 논리적으로 전개될 수 있다.

작성 예시

나는 '자유로운 소개'를 쓸 때 바로 템플릿 모듈을 넣지 않고, 먼저 글의 큰 구조부터 생각했다. 어떤 내용을 어떻게 구성해서 담을지를 먼저 고려했다. 그 결과 두 개의 소제목으로 나눠 구성하기로 했다. '진로 목표 및 직무 관련 노력', '성격 및 강점' 두 가지로 나누어 글을 구성했고, 이 구조에 맞추어 모듈을 대입했다.

그 결과는 아래와 같다.

1. 진로 목표와 직무 관련 노력

[모듈 1] 미래 목표

안녕하세요, 저는 데이터 분석을 통해 유의미한 인사이트를 얻고 그에 적합한 솔루션을 개발하는 데이터 사이언티스트가 되는 것이 목표입니다.

[모듈 3] 경험 1 – 직무 관련 전공/프로젝트 (회사에 맞게 약간의 변형)

저는 현재 산업경영공학부에 재학 중입니다. 전공 공부를 하면서 제가 관심을 가지고 깊게 공부한 분야가 빅데이터/머신러닝입니다. 산업에서 발생한 raw 데이터들이 데이터 사이언티스트의 손을 거쳐 재가공된 후, 그 정제된 데이터를 이용해 분석 모델을 설계하고 유의미한 결과를 도출해 인사이트를 얻어 전략 수립 및 솔루션 개발에 적용하기까지의 과정이 매력적으로 다가왔습니다. 그래서 저는 전문성을 키우기 위해 이론 수업에서 멈추지 않고, 직접 분석 Tool인 R과 Python을 공부하고 연습하였습니다. 이 분석 언어는 저의 경쟁력이 되었고, 학교 과제와 프로젝트를 수행하면서 데이터 분석 감각을 익혀나갔습니다. 나아가 두 번의 인턴 생활을 하면서 실무 경험도 쌓을 수 있었습니다. 현업 빅데이터를 활용하여 데이터 분석 프로세스를 수행하고, 다양한 분야의 데이터를 다루어 본 경험은 저의 강점이자 차별점이 될 것으로 생각합니다.

2. 성격과 강점

[모듈 2] 성격과 강점 – 끈기 있는 열정 & 협업과 소통

저는 제가 하는 일에 열정을 강하게 쏟는 편입니다. 제가 필요하다고 느끼고 해야 하는 일이라 생각하면 제가 만족할 만한 성과를 이룰 때까지 실행하는 편입니다. 또 저는 사람들과 함께 소통하며 일하는 것을 좋아합니다. 그래서 사람들이 저를 떠올렸을 때 '함께 일하고 싶은 사람'으로 기억되고 싶습니다. 어떤 일이든 사람들과 원활히 소통하면 좋은 결과를 얻는다고 믿습니다. 타인과의 협업 면에서 저의 장점은 주도적으로 일을 이끌어 나가는 것을 좋아한다는 것입니다. 그래서 팀 프로젝트나 집단에서 리더를 맡은 경험이 다수 있습니다. 사람들이 꺼리는 일을 되도록 먼저 나서서 하려고 노력하고, 항상 팀원들과 같이 즐겁게 일하려고 노력합니다.

[미래 목표와 강점을 회사와 엮어서 포부 작성]

직무 관련 프로젝트 수행을 통해 배운 것과 저의 강점을 토대로 ○○회사의 ○○솔루션 개발 및 고도화를 위해 ○○분석 및 ○○ 전략을 활용하여 달성할 것입니다.

먼저 모듈 1을 활용해 직무 관련 미래 목표를 환기했다.

①그 후 모듈 3을 활용해 직무 관련 전공 공부 및 프로젝트 경험을 설명하며 나의 직무역량이 충분하다는 것을 어필했다.

②다음으로 직무역량뿐 아니라 회사 조직 생활에 잘 적응할 수 있다는 것을 강조하기 위해 모듈 2의 성격과 강점을 활용했다.

③마지막으로 서두에 언급한 목표와 모듈 2에서 언급한 강점을 회사와 엮어서 간단한 포부를 제시하고 글을 마쳤다.

나는 두 가지 소제목으로 '자유로운 소개' 답변을 만들었다. 직무 역량과 성격상 강점 두 가지 면에서 모두 어필하고 싶어서 위와 같은 방식을 사용했지만, 자신의 스타일에 따라 전체 구조 및 템플릿 모듈 순서를 얼마든지 다르게 구성할 수 있다.

소제목을 3개로 나눌 수도 있고, 하나의 역량만 깊게 강조하고 싶다면 소제목 1개로 '자유로운 소개'를 구성해도 된다. 템플릿 모듈 2를 나처럼 뒤에 넣을 수도 있고 먼저 언급할 수도 있다. 전체 구성보다 더 중요한 것은 그 안에 담기는 내용이다.

꼭 들어가야 할 내용은 '직무 관련 역량', '뒷받침할 경험 사례', '회사에서 이루고 싶은 목표/포부'다. 이 세 가지를 어떻게 1,000자 안에 녹여내고, 어떤 방식으로 구성할지 깊게 고민한 다음 '자유로운 소개'를 작성해야 한다.

결론

'자유로운 소개'는 모든 자기소개서 작성의 시작이자 핵심이다. '자유로운 소개'의 완성도가 곧 자기소개서 전체의 완성도를 의미한다고 해도 과언이 아니다.

제한 조건인 1,000자는 생각보다 적다. 여러분의 역량을 마음껏 담아내기에 모자란 글자 수다. 그러므로 처음부터 본론으로 들어가야 한다. 자신의 목표가 무엇이고, 그 목표를 달성하기 위해 왜 이 회사에 지원했는지, 이 회사에 들어오기 위해 어떤 노력을 했는지를 명확하게 기술해야 한다.

4
자기소개서 질문 유형 2 :
'회사 지원동기' 답변 작성법

지원동기를 잘 써야 하는 이유

'자유로운 소개'가 중요하긴 하지만, 개인적으로는 회사 지원동기를 제일 완성도 높게 작성해야 한다고 생각한다.

신입사원을 채용하는 이유는 회사에 입사해 열심히 일할 사람을 찾기 위해서다. 그러므로 직무역량을 갖추는 것이 중요하다. 그러나 더 중요한 것은 회사는 직원이 진심으로 회사에 대해 애정과 주인의식을 가지고 일하기를 원한다는 것이다. 자신이 일하는 회사에 관심이 없다면 나태해지거나 이직할 것이기 때문이다. 이런 직원은 직무역량이 상대적으로 조금 부족한 사람보다 회사 차원에서 더 손해를 끼칠 수 있다. 따라서 신입 지원자가 진심으로 이 회사에 관심이 있고 일하기를 원하는지 확인하기 위해 물어보는 것이 지원동기다.

면접에서도 지원동기를 꼭 물어본다. 제대로 된 답변을 하지 않으면 어김없이 태클을 건다. "그래서 회사에서 뭘 하고 싶은 거예요?", "우리 회사가 어떤 일을 하는지 제대로 알고 지원하셨나요?" 내가 직접 받았던 질문이다. 나는 이 질문에 제대로 답변하지 못했다. 면접에서 쓰라린 패배를 맛본 후 지원동기의 중요성을 깨달을 수 있었다.

지원동기의 핵심

나는 인턴십을 지원할 때 10개의 회사 중 2개만 붙었다. 이 낮은 합격률의 이유가 무조건 '지원동기'라고 생각했다. '자유로운 소개'는 중요한 항목이지만 어디까지나 자신의 직무역량과 강점을 증명하는 항목이다. 그래서 '자유로운 소개'를 하나 완성해두면 새로 작성할 필요 없이 어느 회사든 사용할 수 있다. 하지만 어느 회사든 사용할 수 있다는 것은 '이 회사가 아니어도 된다.'라는 말과 같다. 자기소개서를 평가하는 사람도 그것을 잘 알고 있다.

그래서 '왜 굳이 이 회사여야 하는가?'라는 이야기를 자기소개서에 꼭 언급해주어야 한다. 그것을 담을 수 있는 항목이 바로 지원동기다. 지원동기에 '내가 왜 이 회사를 지원하는지', '이 회사에서 무엇을 하고 싶은지'를 반드시 담아야 한다. 지원자가 회사에 얼마나 관심을 두고 있는지가 잘 드러난다면 회사도 매력적인 지원자로 여기게 된다. 좋은 스펙을 갖추고 '자기소개'를 잘 썼다면, 사실 다른 질문에서는 변별력이 크지 않다. 대학생이 역량을 쌓기 위해 하는 활동이 거의 비슷하기 때문이다. 그래서 비슷한 수준의 지원자들을 일차로 선별할 때, 그 안에서 서류 합격의 우선권을 가지는 사람은 지원동기를 잘 쓴 사람이다. 결국 지원동기는 서류 전형 합격의 키다.

지원동기는 면접에서도 유효하게 작용한다. 지원동기를 제대로 쓰지 않으면 무조건 공격받을 수밖에 없다. 운 좋게 서류 전형에 합격했다 해도, 면접에서 면접관의 검증으로 걸러질 가능성이 크다. 반면에 지원동기를 잘 썼다면 면접의 난이도가 한층 낮아진다. 회사에 관한 관심과 포부는 지원동기를 통해 확인했으니, 이 회사에서 일하기 적합한 인재인지 직무역량과 인성만 검증하면 되기 때문이다.

그러므로 지원동기를 잘 써야 한다. 시간이 걸리더라도 회사를 이해하는 시간을 갖고, 그 회사의 사업과 나의 역량을 어떻게 조화시킬 수 있을지 고민한 후에 글을 써야 한다.

지원동기 답변 작성법

회사 지원동기 역시 템플릿의 틀에서 벗어나지 않는다. 템플릿을 활용해 70% 정도는 채울 수 있다. 여기에 더해 지원동기는 한 가지 더 해결해야 하는데, 바로 철저한 기업분석이다. 내가 이 회사에 관심이 있다는 것을 보여주고, 입사 후 어떤 일을 하고 싶은지도 제안해야 한다. 이것은 템플릿만으로는 해결할 수 없다.

[모듈 1] 미래 목표
[모듈 5] 직무 관련 실무 경험
[매우 중요! - 회사 기업분석 한 것을 바탕으로 현재 회사의 상황을 언급한다. 그 후 회사에 입사해 달성하고 싶은 목표를 자신이 가진 역량

과 구체적으로 엮어서 설명]

나는 '회사 지원동기' 질문에 대해 다음과 같이 답변을 구성했다.
① 서두에 모듈 1을 활용해 나의 미래 목표를 환기했다.
② 그 후 모듈 5를 활용해 그 목표를 달성하기 위해 했던 노력(실무 경험)을 언급했다.
③ 마지막으로 기업분석을 토대로 앞에서 설명한 나의 목표와 역량을 회사의 사업과 잘 조화시켜 설명했다.

자세히 보면 알겠지만, 초반부는 '자유로운 소개'와 크게 다르지 않다. 내가 이 회사에 꼭 필요한 사람이라는 것을 직무역량을 통해 어필하는 것이다. 그런데 지원동기의 핵심은 그다음이다. 기업분석을 바탕으로 회사 사업을 구체적으로 언급해주면서 내가 회사에서 어떤 일을 하고 싶은지를 제시해야 한다.

작성 예시

내가 작성한 실제 예시를 보자. 먼저 글의 큰 구조부터 생각했다. 어떻게 전체 내용을 구성할지 고민한 결과, 회사 지원동기를 두 가지 소제목(두 문단)으로 나누어 서술했다. '미래 목표와 관련 경험'과 '회사 입사 후 달성하고 싶은 일'로 나누어 글을 구성하고, 이 구성에 맞춰서 템플릿 모듈을 대입했다.

1. 지향하는 목표와 관련 경험

[모듈 1] 미래 목표

저는 ○○에 입사하여 데이터 분석을 통해 기존 문제를 개선하고, 나아가 발전된 친환경적, 고객 중심적 에너지 솔루션을 개발하는 일을 하고 싶습니다.

[모듈 5] 직무 관련 실무 경험

저는 두 번의 인턴십을 수행하면서, 고객의 니즈와 회사의 사회적/경제적 가치를 동시에 높이는 전략을 찾기 위해 끊임없이 고민하였습니다. 분석 프로세스를 진행하면서 제일 중요한 것은, 개선할 문제와 발전적 가설을 세우는 것이라고 생각합니다. 그래서 고객의 행동이 기록된 데이터에는 어떤 목소리가 담겨 있는지를 파악하고 싶었습니다. 고객의 실질적인 니즈가 새로운 솔루션 개발에 직결되어 있고, 이는 곧 회사의 사회적/ 경제적 가치 향상과 연결되기 때문입니다. 저의 깊은 고민으로 완성한 분석 과제 수행은 멘토에게 좋은 평가와 피드백을 받을 수 있었습니다.

2. OO에서 이루고 싶은 일

[회사에서 달성하고 싶은 목표 – 역량과 엮어서 설명]

저는 해결하고 싶은 문제를 더 넓혀보고 싶었습니다. 현재 전 세계 전력망의 노후화와 비대칭 전력 공급 그리고 환경 문제까지 해결해야 할 과제가 많이 쌓여 있습니다. 이러한 상황은 ○○가

새 사업 기회를 발굴하고 고객에게 새로운 가치를 제공함으로써 사회적 가치를 높이는 기회가 될 수 있습니다. 따라서 차별화한 기존 전력망과 에너지 관리 효율화 및 신재생 에너지를 활용한 새로운 솔루션 제공은 필수입니다. 저는 ○○가 지향하는 가치와 제 목표가 일치한다고 생각합니다. 저는 데이터 분석을 통해 유의미한 인사이트를 얻어 기존 문제를 해결하고 더 발전된 미래로 나아가는 방향을 제시하는 분석가가 되고 싶습니다. ○○ 역시 에너지 솔루션을 발굴하여 지구 환경과 인류를 보호하고 다음 세대와 미래를 위해 끊임없이 의미 있는 가치를 창출하고 있습니다. 저는 ○○에 입사하여 데이터 분석가로서 ○○가 추구하는 가치를 데이터와 솔루션을 매개로 전 세계에 전달하고, ○○가 미래의 에너지를 이끌어 나가는 에너지 산업의 최고가 될 수 있도록 노력할 것입니다.

위의 예시를 간략하게 설명하면 다음과 같다.
①시작 부분에서 미래 목표를 제시했다.
②왜 그 목표를 세웠는지에 대한 경험을 뒷받침 사례로 넣었다.
③그 경험을 통해 무엇을 배웠고, 내가 앞으로 어떤 일을 하고 싶은지를 언급하며 첫 문단을 마쳤다.
④다음 문단은 기업분석 내용을 바탕으로, 회사의 주력 산업 또는 관련 이슈에 대해 언급하면서 시작했다.
⑤그 후 그 산업/이슈에 대한 내 생각을 구체적으로 풀어나갔다.

⑥그 생각을 바탕으로 내가 회사에 입사해 어떤 기여를 할 수 있을지 개인 역량과 엮어서 설명하였다.

나는 예시와 같이 소제목을 두 개로 나누고 템플릿 모듈 1과 5를 활용했지만, 반드시 그대로 따라 할 필요는 없다. 위의 예시와 유사하게 자신의 스타일을 살려서 자유롭게 구성하면 된다. 예를 들어 미래 목표보다 직무 관련 경험과 회사를 더 깊게 엮어 설명하고 싶다면, 소제목을 없애고 직무 관련 경험만 500자 정도 강조해도 된다.

핵심은 두 번째 문단이다. '회사 입사 후 달성하고 싶은 일'을 잘 작성해야 한다. 이 문단의 내용을 어떻게 구성하는지에 따라 특별한 지원동기가 될 수도 있고, 평범한 지원동기가 될 수도 있다. 이 문단에는 절대 뻔한 내용을 담으면 안 된다.

예를 들어 "데이터 전문가로서 회사의 매출을 분석하여 위기관리에 기여하고 싶다."와 같이 어느 회사에나 쓸 수 있는 문장은 절대 안 된다. 구체적으로 그 회사가 집중하는 산업, 또는 최근의 이슈를 언급하고 내 생각을 제시해서 "나는 이 회사에 관심이 많다."라는 것을 강하게 드러내야 한다.

지원동기를 다 쓰고 나면 소리 내어 읽어보자. '내가 이 회사에 관심이 많은 사람이고, 회사의 성장에 기여할 수 있는 역량을 충분히 가졌다.'라는 뉘앙스가 느껴지면 잘 쓴 지원동기다.

결론

'자유로운 소개'와 '지원동기' 두 질문 유형 다 중요하지만, 회사가 지원자에게서 알고자 하는 포인트가 확실히 다르다.

'자유로운 소개'는 지원자의 역량을 검증하는 질문이다. 지원자가 이 회사에 입사하기에 충분한 직무역량을 갖추고 있는지 확인한다. 그래서 훌륭한 '자유로운 소개'는 서류 합격의 기본 조건이라 할 수 있다. 기본 조건을 갖추고 있지 않다면 자기소개서를 제대로 읽어보지도 않는다.

'지원동기'는 회사에 대한 지원자의 열정과 관심을 검증하는 질문이다. 단순히 취업해야 해서 지원한 것이 아니라, 정말 이 회사에 들어오고 싶어서 지원한 것인지를 검증한다. 관심이 없어도 얼마든지 포장할 수 있지 않을까? 착각할 수 있는데, 그건 절대 그렇지 않다. 지원 회사를 제대로 알고 지원한 사람과 그렇지 않은 사람은 '지원동기'에서 무조건 티가 난다.

훌륭한 '지원동기'는 서류 합격의 필수조건이다. '자유로운 소개'에서 기본 조건을 검증받고 통과하고 나면, '지원동기' 검증을 받아야 한다. 만약 '지원동기'를 제대로 쓰지 않았다면, 다른 질문에 잘 답변했어도 불합격할 확률이 매우 높다. 스펙이 높은데도 떨어지는 취업 준비생들은 이런 경우일 수 있다.

5
자기소개서 질문 유형 3 :
'직무 지원동기, 역량을 키우기 위한 노력'
답변 작성법

다른 질문 유형과 비슷해 보이지만 결이 다른 질문 유형 3

자기소개서 질문 유형 3은 '해당 직무 선택 사유 및 역량을 키우기 위한 노력'이다. 앞에서 얘기한 '자유로운 소개'와 '지원동기'랑 비슷하다고 생각할 수 있는데, 서술 방법이 약간 다르다. '자유로운 소개'보다 역량을 키우기 위한 노력을 더 자세하게 소개해야 한다. '자유로운 소개'에서 사용한 경험과 다른 경험이어야 한다. 그만큼 역량을 쌓기 위해 더 다양하게 경험했다는 것을 증명해야 한다.

지원동기는 왜 이 회사에 지원했는지에 대한 내용이 강하게 드러나지만, 이 질문의 답변에서는 왜 이 직무에 지원했는지에 대한 내용이 등장해야 한다. 즉 지원자가 이 직무를 지원한 이유가 단순히 호기심인지, 아니면 정말 이 직무를 하고 싶어서인지 인사담당자가 파악할 수 있어야 한다. 당연히 후자에 해당해야 잘 답변한 것이고, 합격할 확률이 높아진다. 그런데 단순히 이 직무를 하고 싶다는 것에 그치면 안 된다. 왜 하고 싶은지에 대한 이유와 배경, 그것을 뒷받침하는 경험 근거도 있어야 한다.

많은 사람이 어떤 과정으로 이 직무를 하고 싶다고 생각했는지에 대한 구체적인 내용을 쓰지 않는 실수를 범한다.

'희망 직무 선택 사유 및 역량을 키우기 위한 노력' 답변 작성법

직무 지원 사유에 꼭 들어가야 할 내용이 있다. '직무를 선택한 이유와 그 배경', '직무역량을 키우기 위해 노력한 일' 이 두 가지가 꼭 들어가야 한다. 구체적일수록 좋다.

'직무를 선택한 이유와 그 배경'은 한 문단으로 구성해도 충분하다. 더 초점을 맞춰야 할 내용은 '직무역량을 키우기 위해 노력한 일'이다. 어떤 경험을 했는지 최대한 구체적으로 풀어내는 것이 중요하다. 예를 들어, 직무 경험의 대표 활동으로 인턴 경험이 있다. 인턴십을 수행하면서 어떤 업무를 받았고, 그 업무를 잘 수행하기 위해 어떤 노력을 했는지, 결과는 어땠는지를 제시한 후 마지막으로 배운 점이 들어가야 한다. 자신이 주체적으로 업무/프로젝트를 이끌어간 경험이면 더욱 좋다.

이 답변 역시 템플릿으로 해결할 수 있다. 특히 이 질문 유형은 지원동기와 달리 템플릿을 많이 변형할 필요가 없어서 수월하다. 글의 핵심이 '직무역량을 키우기 위해 노력한 경험'이므로 템플릿의 모듈 3과 모듈 5로 활용하자. 모듈 3과 5에 담긴 내용에 열정적 태도와 주체성 띤 모습을 추가로 담아주기만 하면 된다.

[지원 이유와 배경 소개]
[모듈 3] 전공/직무 관련 프로젝트
[선택사항 : 모듈 2] 성격과 강점 간략하게 언급
[모듈 5] 직무 관련 실무 경험
[모듈 1] 미래 목표 + 회사와 엮어서 설명

템플릿 모듈을 활용해서 위와 같이 구성했다. 다른 질문에서는 모듈 3이나 모듈 5 가운데 하나만 선택해 작성했지만, 이 질문에서는 두 모듈을 동시에 언급하는 것이 좋다. 지원자가 회사에서 일하기 위한 '직무역량'을 충분히 갖췄다는 것을 강하게 어필해야 하기 때문이다. 글의 흐름은 다음과 같다.

①서두에 짧게 한 문단 정도로 지원 이유와 배경을 소개한다.

②모듈 3과 5를 자연스럽게 연결해서 직무역량이 점진적으로 향상되었다는 점을 보여준다.

③마지막 자신의 미래 목표 및 포부를 회사와 엮어서 제시한다.

결론적으로 '자유로운 소개'와 크게 다르지 않다. 다만 '자유로운 소개'보다 더 자세하게 직무 관련 경험을 설명해야 한다. 그래서 템플릿 구성이 비슷하지만, 각 질문 유형에 맞춰서 내용을 조금씩 변형할 필요가 있다.

작성 예시

항상 답변을 작성할 때는 바로 쓰지 말고 머릿속으로 큰 그림을 그리는 연습을 해야 한다. 나는 '희망 직무 선택 사유 및 역량을 키우기 위한 노력' 답변을 작성할 때 소제목을 세 개로 나누어 문단을 구성했다. '지원 배경 및 노력', '공부를 통해 얻은 강점', '인턴 경험과 배운 점' 이렇게 세 가지다. 아래의 예시를 보자.

1. 지원 배경 및 노력

[지원 이유와 배경 소개]

산업공학을 전공하면서 빅데이터 관련 다양한 수업을 들었습니다. 분석 과제와 프로젝트를 수행하면서 데이터를 수집하고 분석하는 일이 적성에 맞고 즐거운 일이라고 느꼈습니다.

[모듈 3] 전공/직무 관련 프로젝트

그래서 저는 다재다능한 데이터 분석가가 되기 위해 이론 수업에서 멈추지 않고, 방학 두 달 동안 R과 Python을 독학하여 기초부터 데이터 분석 심화까지 정복하는 것을 목표로 삼았습니다. 매일 꾸준히 공부하면서 어려운 내용도 많았습니다. 하지만 포기하지 않고 구글 검색을 활용하여 공부하였습니다. 마침내 책 하나를 정복할 수 있었습니다.

2. 공부를 통해 얻은 나의 강점

[선택사항 – 모듈 2] 성격과 강점

저는 데이터 분석 직무를 수행할 때 '현상에 대한 호기심'과 '끈기 있는 연구와 탐색'이 중요하다고 생각합니다. 제가 분석 툴(tool)을 공부하면서 느낀 것은 '포기하지 않고 집요하게 파고들면 의미 있는 결과를 얻을 수 있구나.'라는 점이었습니다. 이 점에서 저는 목표를 세운 후 열정을 가지고 도전하는 끈기가 있습니다. 또 현재에 머무르지 않고 끊임없이 배워나가려는 의지가 있습니다. 그래서 데이터 분석가로서 유의미한 인사이트를 도출하고 솔루션을 개발하는 데 기여할 수 있습니다.

3. 인턴 경험과 배운 점
[모듈 5] 직무 관련 실무 경험

학교 과제와 프로젝트 그리고 독학을 통해 분석가의 역량을 다진 후에, 현업 데이터를 직접 다뤄보면서 실무 경험을 쌓고 싶었습니다. 그래서 여름과 겨울방학 때 두 회사에서 인턴십을 진행하였습니다. 인턴이 되어 개인 과제 세 가지를 수행하였습니다. 과제를 수행하면서 다양한 실무 데이터를 마주했고, 그 빅데이터를 이용해 '어떤 가설을 세우고 유의미한 인사이트를 얻을 수 있을까?' 많은 고민을 하였습니다. 그리고 데이터 분석 프로세스를 진행하며 멘토에게 값진 피드백과 데이터 분석가의 마음가짐을 배웠습니다. 피드백을 통해 저의 부족한 점을 명확하게 파악할 수 있었고, 그 후 보완하여 스스로 더 발전할 수 있었습니다.

앞의 예시의 흐름을 짚고 넘어가자. 직무를 지원하게 된 이유와 배경을 간략하게 설명한 후에 바로 다음 문단으로 넘어갔다. 나는 직무 역량을 어필하기 위해 두 가지 경험을 언급하고 싶었다. 그래서 두 가지 경험을 활용해 답변을 작성했다. 템플릿을 작성했다면 두 가지 직무 관련 경험 모듈이 있으므로 그 두 가지 경험을 적극적으로 활용하면 된다. 추가로 나의 성격상 강점도 직무역량과 엮고 싶어서 템플릿의 모듈 2를 활용했다.

나는 이야기를 기승전결로 구성하고 싶어서 직무 관련 간접 경험(전공 공부/프로젝트)을 앞에 놓고, 인턴십 같은 직접 실무 경험을 뒤에 배치해 완결성을 높였다. 어떤 경험을 담을지는 자유지만, 위의 예시처럼 구체적 경험과 자기 생각이 꼭 들어가 있어야 함을 기억해야 한다.

결론

답변을 작성할 때 답변 방향의 기본을 알고 템플릿을 갖추고 있다면 어렵지 않게 좋은 자기소개서를 만들 수 있다. 이 질문 유형에 대한 답변도 마찬가지다. 내가 강조하고자 한 내용을 지키면서 자신만의 완벽한 답변을 담아내야 한다.

6
자기소개서 질문 유형 4 :
'열정을 가지고 최선의 노력을 한 활동' 답변 작성법

인사담당자가 알고자 하는 것 : 인재상에 부합하는지 여부

서류 전형의 핵심은 자기소개서와 이력서를 통해 지원자의 직무 역량을 검증하는 것이다. 지원자가 보유한 스펙을 이력서에서 확인하고, 자기소개서의 '자유로운 소개'와 '희망 직무 선택 사유 및 역량을 키우기 위한 노력'을 통해 자세하게 확인하려는 의도가 담겨 있다.

그런데 직무역량과 더불어 추가로 확인하는 역량이 있다. 지원자가 인재상에 부합하는지다. 회사에서 요구하는 인재상은 기업마다 조금씩 다르지만 공통점이 많다. 대표적으로 책임감, 주인의식, 열정, 창의성, 혁신이다.

회사 차원에서 인재상의 기준을 세우는 것은 중요하다. 명확하고 일관성 있는 기준이 있어야 적합한 지원자를 뽑기가 수월하기 때문이다. 실제로 기업에서는 지원자를 평가할 때 인재상에 있는 목록을 중심으로 평가한다.

나는 지원자 평가표를 실제로 본 적이 있다. 인턴십을 마친 후, 학점 인정을 받기 위해 근무한 회사에 나에 대한 평가 서류를 요청했다. 그래서 나의 평가표를 열람할 수 있었다.

나에 대한 평가가 항목별로 기재되어 있는 것을 확인할 수 있었다. 협동심, 창의성, 책임감 등이 있고, 각 항목당 1~5점까지 점수가 부여됐다. 인재상에 부합하게 나를 잘 포장해야 한다는 것을 그때 깨달았다.

내가 인재상에 꼭 부합하는 사람이 아니어도, 서류 전형과 면접 전형에서는 적어도 그런 사람처럼 포장할 수 있다. 그것을 적극적으로 할 기회를 주는 질문이 바로 '열정을 가지고 최선의 노력을 한 활동'이다. 만약 자기소개서에 이 질문이 나오면, 내가 이 회사의 인재상에 부합하는 사람이라는 내용을 답변으로 담아야 한다.

이제 이 질문에 대한 답을 어떻게 작성해야 하는지 알아보자.

'열정을 가지고 최선의 노력을 한 활동' 답변 작성법

이 질문은 회사마다 조금씩 다른 형태로 나올 수 있다. 회사에 따라 직무 관련 활동으로 채워 넣을 수도 있고, 직무/학업 외 활동으로 작성할 수도 있다. 그래서 직무 관련 활동을 쓸 경우에는 직무역량을 더 보여줄 수 있는 경험으로 채워 넣는 것이 좋다. 하지만 '학업 외'라는 제한 조건이 걸려 있다면 직무와 관련하지 않은 활동을 쓰되,

지원한 회사의 인재상과 잘 엮을 수 있는 자신의 경험을 써야 한다.

어떤 경우든 담아야 할 내용은 조금씩 다르겠지만, 템플릿으로 중심을 잡을 수 있다. 먼저 템플릿을 활용해서 어떻게 답변해야 할지 알아보자.

[모듈3 or 4] 전공/직무 관련 프로젝트 OR 협업 경험

(템플릿을 가져오되, 지원한 회사 및 질문 유형에 맞게 조금씩 변형했다.)

[모듈1] 미래 목표 + 회사와 엮어서 포부

나는 '열정을 가지고 최선의 노력을 한 활동' 질문에 대해 위와 같이 답변을 구성했다.

① 모듈 3 또는 4를 가져와서 경험 과정을 구체적으로 작성했다.

② 경험을 통해 배운 것과 모듈 1을 활용해 포부를 제시하며 글을 마쳤다.

이 질문은 답변에 쓸 모듈이 두 개밖에 없고 단순하지만, 템플릿 내용을 그대로 가져다 쓰면 안 되고 조금 변형해야 한다. 문제에서 요구하는 포인트가 다른 질문과 조금 다르기 때문이다.

단순히 직무역량을 보려는 것이 아니다. 지원자가 인재상에 부합하는지도 평가하려는 것이다. 일에 대한 주인의식, 열정, 창의성 같은 능력을 평가한다. 그래서 모듈 3 또는 4를 가져다 쓰되, 인재상에 부합하게 조금씩 변형해야 한다.

예를 들어, 템플릿 모듈이 "전공 프로젝트로 ○○프로젝트를 진행해서 ○○ 결과를 냈다." 이렇게 작성되어 있다. 그러면 여기에 살을 붙여야 한다. 리더십을 강조하고 싶다면 다음과 같이 쓸 수 있다. "○○에서 문제의식을 느꼈다. 그래서 ○○ 프로젝트를 주도해서 진행했다. 해결 방법으로 ○○를 제시했고, 팀원의 의견을 수용하여 최종 결과물을 냈다." 이런 식으로 인재상을 충족하는지를 잘 드러낼 수 있도록 작성해야 한다.

작성 예시

기본적으로 글을 작성하기 전에 전체 구조를 어떻게 짤지 정해야 한다. 이 질문 역시 어떻게 글을 작성할지 고민했다. 그런데 여러 경험을 나열하면 내가 강조하는 바가 흐려질 것 같아서 한 가지 경험만 집중해 작성하기로 했다. 그래서 소제목을 따로 구성하지 않고 진행했다. 그 후 템플릿 모듈을 넣어 글을 작성했다.

작성 예시는 다음과 같다.

[모듈 4] 협업 경험

저는 데이터 분석가로서 분석 결과에 기반하여 어떻게 하면 시스템에 새로운 솔루션을 제시하고 더 최적화할 수 있을지 끊임없이 고민하고 문제를 해결해나가는 과정이 중요하다고 생각했습니다. 그래서 제가 배운 지식을 활용해 의미 있는 활동을 하고 싶었습니다. 저는 팀원을 모아 '교내 학부생 대상 사물함 배정 및 위치 선정 최적화'를 주제로 팀 프로젝트를 진행하였습니다. 이 주제를 선정한 이유는 학생들의 불편함을 해소하기 위해서였습니다. 사물함이 무작위로 배정되다 보니 학생들이 사물함을 이용하고 강의실로 이동할 때 동선이 꼬이는 문제가 발생했습니다. 결국, 학생들이 사물함을 점점 이용하지 않자 저는 이 이 프로젝트를 시작하게 되었습니다. 프로젝트의 목표는 학생들의 동선과 수업 장소를 고려하여 사물함과 학생 간 배정 관계를 최적화하는 것이었습니다. 추가로 비용 최소화를 위해 사물함의 위치 선정도 고민해보았습니다. 먼저 학교 건물 간 거리와 학생들의 하루 동선 데이터를 수집했습니다. R을 활용하여 데이터를 가공하고, 수업 시간에 배운 다익스트라 알고리즘 모델로 데이터 분석을 진행하였습니다. 결과적으로 학생 개개인의 사물함 사용을 고려할 때의 최소 동선을 얻을 수 있었습니다. 이 결과를 이용해 학생들의 동선 낭비를 최소로 하는 최적의 사물함 배정 계획을 수립할 수 있었습니다. 한 단계 더 나아가, 사물함의 위치를 설치할 권한이 있다고 가정할 때, 학교의 보유 자원과 학생의 수요 등 제약 조건을 추가로 고려하여 어느 건물에 사물함을 설치해야 할지를 결정하였습니다. 제가 수행한 프로젝트를 통해 기존의 사물함 무작위 배정 설계와 달리, 학생들과 학교 양측 모두에게 만족도 높은 모델을 설계할 수 있었습니다. 프로젝트를 수행하면

1장_100점 만점 자기소개서 쓰는 법

서 데이터 분석을 통해 기존 문제를 개선하고 해결하는 것이 값지고 의미 있는 일이라고 느꼈습니다.

[모듈 1] 미래 목표
○○에 입사해 기존의 노후 에너지 솔루션 개선 및 최적화 달성을 위해, ○○ 분석을 진행하여 의미 있는 변화를 만들어나가고 싶습니다.

위의 예시를 보면서 흐름을 짚어보자. 템플릿 모듈 4를 쓸 때 (실제로 그렇지 않았어도) 반드시 문제의식을 추가해야 한다.
①즉 어떤 문제를 느끼고 그 경험을 시작했는지 언급해야 한다.
②그 문제를 어떤 과정으로 해결했는지를 소개한다.
③그 후 문제를 해결하고 결과가 어땠는지, 어떤 것을 배웠는지를 담아낸다.
④마지막으로 간략한 포부와 함께 글을 마친다.

주의할 점 - 두 가지 파생 유형

이번 장의 질문에서 한 가지 주의할 것이 있다. 회사마다 질문을 요구하는 방식이 약간 다르다. 크게 두 가지가 있다. 그래서 템플릿을 그대로 가져오되, 두 가지 유형의 속성에 맞게 각각 내용을 조금씩 변형해줄 필요가 있다.

1. 자신이 주체적으로 이끌어 나간 활동

자신이 주체적으로 이끈 활동을 제시하라고 요구하는 회사가 있다. 이 질문은 지원자가 앞으로 일을 할 때 주체성이 있는지, 회사에 대한 주인의식을 가지고 일할지 확인해보려는 것이다. 그래서 답변에 쓸 경험을 선정할 때, 단체 활동 중 '리더'를 맡아서 주체적으로 이끈 경험을 고르는 것이 좋다.

답변의 흐름도를 보면 다음과 같다.

〈1번 유형 답변 흐름도〉

①어떤 팀의 리더를 맡았는데 갈등 상황이 발생했다.

⇒ (친구들 간의 다툼도 괜찮고 의견의 불일치도 좋다)

②왜 그 갈등 상황이 생겼는지에 대한 원인을 파악했다.

③원인에 대한 해결책을 고민하고 어떤 방식으로 해결했다.

④그 결과는 어땠고, 이런 교훈을 얻을 수 있었다.

그래서 템플릿을 활용할 때 (큰 갈등이 없었어도) 갈등 상황을 제시하고, 그 갈등을 어떻게 해결했는지를 중점으로 내용을 변형해야 한다.

2. 학업 외에 열정적으로 한 활동

위 질문과 달리 학업 외 활동 경험을 요구하는 회사가 있다. 나의 경우 학업과 지원 직무가 관련성이 높아서 사실상 직무 관련 활동을 쓰지 말라는 것이었다. 즉 직무역량을 키우기 위한 활동 외에, 자신이 자기계발을 위해 어떤 노력을 했는지를 요구하는 질문이다. 단순히 지원 직무 분야에만 갇히지 않고, 넓은 분야에서 끊임없이 성장하려고 노력하는 인재인지를 확인하려는 의도가 담겨 있다.

그래서 답변에 쓸 경험을 선정할 때, 사회적으로 건설적인(생산적인) 경험을 고르는 것이 좋다. 예를 들어 단순히 개인이 가진 문제를 해결한 것 말고, 현상이나 이슈에 문제의식을 느끼고 해결한 경험이 유리하다.

답변의 흐름도를 보면 다음과 같다.

〈2번 유형 답변 흐름도〉

① 자신과 주변 사람의 어떤 일에 대해 문제의식을 느꼈습니다.

② 그것을 해결하기 위해 ○○ 활동을 진행했습니다.

③ 그 과정에 대한 간단한 설명

④ 결과적으로 ○○ 활동을 통해 개선된 것, 경험을 통해 배운 점

이 유형은 템플릿을 쓸 때, 모듈 4를 그대로 가져오되 꼭 문제의식을 느꼈다는 것을 언급해야 한다. 그 문제의식을 어떻게 해결했는지를 중심으로 템플릿의 내용을 조금씩 변형해주면 된다.

결론

인사담당자는 이 질문을 통해 지원자가 인재상에 적합한 사람인지 확인하고 싶은 것이다. 그래서 나는 자신이 가진 건설적인 경험 소재로 위와 같은 예시처럼 글을 작성하는 것이 어떤 인재상이든 통할 수 있는 최고의 방법이라 생각한다.

자기소개서 질문 유형 5 :
'입사 후 목표' 답변 작성법

'입사 후 목표' 답변 작성의 중요성

자기소개서 질문 유형의 마지막인 '입사 후 목표'의 답변 작성법에 대해 알아보자.

입사 후 목표는 단독 질문이 나올 때가 많지 않다. 보통 다른 질문과 섞여서 나온다. 예를 들어 이런 식이다. "지원동기와 입사 후 목표를 서술해라." 이렇게 다른 질문과 묶어서 나오는 형태가 많다. 그만큼 입사 후 목표는 매우 중요하다. 지원동기의 필수 요소이기도 하고, 그 자체로도 회사에 강하게 어필할 수 있다. 내가 이 회사에 얼마나 관심이 있는지를 보여줄 수 있고, 이 회사에 입사하기 위해 얼마나 열심히 직무역량을 쌓았는지도 보여줄 수 있다. 그래서 기업분석을 바탕으로 신중하게 써야 한다.

'입사 후 목표' 답변 작성법

입사 후 목표 답변에 꼭 들어가야 할 세 가지 내용이 있다. 그것이 모두 들어있어야 채점자 마음에 드는 답변을 할 수 있다. '자신의 강점', '내가 회사에 기여할 수 있는 것', '내가 ○○ 회사와 잘 어울리는 이유' 이 세 가지가 꼭 들어가 있어야 한다.

그러면 템플릿을 활용해서 어떻게 이 세 가지를 담아 답변을 작성할 수 있을지 확인해보자.

[모듈 5] 직무 관련 실무 경험
[모듈 1] 미래 커리어 목표
[회사 입사 후 목표 및 하고 싶은 일]
(기업을 분석한 내용이 구체적일수록 좋다.)

먼저 내용의 흐름을 짚어보자.

①나만의 차별성과 직무 수행 적합성을 보여주기 위해 실무 경험을 근거로 제시한다. (모듈 5)

②다음으로 직무와 관련된 자신의 커리어 목표를 제시한다.
(모듈 1)

③이어서 회사가 현재 주력하고 있는 사업과 방향성에 대해 짚어 준다.

④위의 두 개를 조합해서 자신이 직무역량을 발휘해 회사의 사업에 어떻게 기여할 수 있을지 제안한다.

1장_100점 만점 자기소개서 쓰는 법

⑤마지막으로 모듈 5에서 제시한 강점과 제안을 회사와 엮어서 자신이 왜 이 회사와 잘 어울리는지를 설명하고 글을 마친다.

눈치가 빠른 사람은 지원동기와 흐름이 비슷하다는 것을 알 것이다. 그럴 수밖에 없다. 입사 후 목표의 본질이 지원동기와 비슷하기 때문이다. 인사담당자가 이 질문을 통해 확인하고 싶은 것은 명확하다. 이 사람이 정말 이 회사에 관심이 있어서 지원했는지다. 초반부와 중반부에는 직무 관련 역량을 충분히 어필한다. 그리고 뒷부분이 핵심이다. 중반부부터 후반부까지는 회사의 사업을 구체적으로 언급하면서 자신이 가진 역량을 활용해 어떻게 기여할 수 있을지를 자세하게 제안하는 것이 좋다.

작성 예시

이제 내가 작성한 실제 예시를 통해 자세하게 살펴보자. 앞장에서도 반복하여 언급했듯이, 글을 쓰기 전에 구조를 먼저 생각해야 한다. 구조를 짠 후 그것에 맞게 템플릿의 모듈을 붙여나가는 것이다.

나는 '입사 후 목표'에 대한 답변이 명확하여 여러 개의 소제목으로 나누지 않았다. 하나의 긴 호흡으로 답변을 작성했다.

작성 예시는 다음과 같다.

[모듈 5 - 직무 관련 실무 경험]

저는 산업공학을 전공하며 데이터 분석을 공부하였습니다. 그중에서도 고객서비스 데이터 및 AD tech 플랫폼에 관심을 가졌습니다. 그래서 방학에 진행한 두 회사에서의 인턴십은 고객과 직접 관련이 있는 데이터를 분석하고 얻어낸 인사이트를 통해 새로운 서비스를 기획하는 방식을 배우는 좋은 기회가 되었습니다. 인턴 생활을 하며 가장 인상 깊게 수행한 과제는 소비자 SNS 버즈 분석이었습니다. 소비자의 요구와 VOC를 파악하고 인사이트를 도출하는 과정을 수행하였습니다.

[모듈 1 - 미래 목표]

저는 빅데이터 및 AI를 이용한 고객 데이터 분석을 통해 최적의 광고, 마케팅 솔루션을 제공하는 플랫폼을 운영하고, 클라이언트를 대상으로 B2B 컨설팅을 해주는 일을 하고 싶습니다.

[회사 입사 후 목표 및 하고 싶은 일]

저는 ○○에서 데이터 분석가로서 실무 경험을 쌓으며 고객 데이터 분석 및 솔루션 분야의 전문가가 될 것입니다. 국내 클라이언트에게 솔루션을 제공하는 것에 그치지 않고, 세계로 눈을 넓혀 외국 고객의 특성과 행동 패턴을 파악하고 분석하는 자동화 플랫폼을 설계하고 활용할 것입니다. ○○에 입사하여 글로벌 클라이언트를 대상으로 세계에서 독보적 위치를 가진 최적의 비즈니스 솔루션과 가치를 제공하고 컨설팅하는 회사가 될 수 있도록 하는 것이 목표입니다. 회사와 제가 동시에 가치를 높이고 성장하는 기회가 되면 좋겠습니다.

위의 예시를 보면 먼저 직무 관련 실무 경험을 통해 내가 역량이 충분하다는 것을 어필했다. 역량에 대한 자체 검증 후, 내가 미래에 어떤 목표를 달성하고 싶은지 명확히 제시하였다. 그 목표를 회사에 입사해 어떻게 달성해나갈 것인지에 대한 구체적 과정을 설명했다.

'입사 후 목표' 답변은 다른 질문 답변보다 템플릿 의존도가 낮은 편이다. 회사 분석 내용을 많이 언급하면서 자신을 어필해야 하기 때문이다. 그래서 템플릿을 유연하게 잘 활용하되, 기업분석도 같이 해야 한다는 것을 잊으면 안 된다.

결론

'입사 후 목표'는 지원동기만큼 중요하다. 지원자의 회사에 대한 관심도를 평가할 수 있는 중요한 척도라는 것을 항상 기억해야 한다. 자신 있게 목표를 높게 잡아야 하고, 기업분석을 바탕으로 구체적으로 이야기를 풀어나가야 한다.

이번 장을 끝으로 자기소개서 질문 유형별 답변 작성법을 모두 마친다. 사회에는 수많은 기업이 있고, 기업마다 자기소개서에서 요구하는 질문도 조금씩 다르다. 하지만 그 모든 질문은 형태만 조금씩 다를 뿐 결국 위의 다섯 가지 패턴에서 벗어나지 않는다.

결정적으로 기업에서 어떤 질문을 해도 지원자에게서 보고 싶은 모습은 같다.

①기초 직무역량을 갖춘 사람인지
②목표를 세우고 성장하는 인재인지
③회사에 주인의식을 가지고 일할 사람인지

회사는 이 세 가지를 확인하고 싶어 한다. 이 세 가지를 항상 머릿속에 기억하면서 완벽한 자기소개서 답변을 만들어야 한다.

8
자기소개서를 쓸 때
반드시 숙지해야 할 사항

자기소개서 쓸 때 숙지해야 할 사항 세 가지

자기소개서를 쓸 때 반드시 이 사항을 지켜야 공들여 쓴 자기소개서가 제대로 읽히지도 않고 '필터링' 당하는 참사를 막을 수 있다.

1. 경험에 자신만의 인사이트를 녹이기

첫째는 '경험에 자신만의 인사이트를 녹이기'다. 다른 말로 '진부한 경험 나열 금지'이다. 생각보다 많은 취업 준비생이 이러한 방식으로 자기소개서를 작성한다. 예를 들어 "저는 대학 생활 동안 ~을 전공했고, ~학회를 했으며, ~에서 인턴을 했습니다." 이렇게 자신의 경험을 자랑하는 듯 계속 나열한다. 이는 인사담당자들이 싫어하는 자기소개서 유형 중 하나다. 잡코리아에서 인사담당자 약 800명을 대상으로 설문조사를 했는데, 26%의 인사담당자가 진부한 내용의 자기소개서가 싫다고 답변했다. 4명 중 1명은 싫다고 했으니 꽤 높은 수치다. 다시 말해 이렇게 쓰면 안 된다는 강한 신호다.

왜 인사담당자들이 진부한 자기소개서를 싫다고 했는지는 조금만 생각해보면 알 수 있다. 여러분도 비슷한 경험을 하지 않는가? 드라마를 자주 봐서 익숙해지면 새로운 드라마가 나왔을 때 초반부만 보고도 기승전결이 다 예상된다. 그래서 다음 회가 기다려지지 않는다.

자기소개서도 마찬가지다. 인사담당자들은 채용 시즌이 되면 수십 개의 자기소개서를 읽는다. 그런데 쌓을 수 있는 스펙은 뻔하다. 결국 학교 프로젝트, 동아리 활동, 학회 활동, 인턴십 이 영역에서 벗어나지 않는다. 인사담당자는 계속 비슷한 이야기를 수십 개 읽는 것이다. 지루하기 짝이 없다. 어떻게 글이 끝날지도 다 예상한다.

차별화 포인트 : 경험을 통해 얻은 자기 생각

다른 지원자와 차별화할 수 있는 것이 한 가지 있다. 바로 경험을 통해 얻은 자기 생각이다. 그래서 인사담당자는 어떤 경험을 했는지 보다 그 경험을 통해 어떤 것을 배우고 어떤 생각을 했는지를 더 중요시한다. 대학생 수준의 경험이란 뻔한 것이다. 정말 특이하고 매력적인 경험을 했다면 그 경험을 우선 작성하는 것이 좋다. 하지만 지원자 대부분이 평범한 경험을 했다는 것을 인사담당자도 알고 있다.

자신을 많이 어필하기 위해 모든 활동을 다 나열하는 것은 나쁜 자기소개서다. 경험이 많은 것이 꼭 좋은 것은 아니다. 경험이 많지 않고 화려하지 않아도 그것을 자기 생각과 함께 잘 녹이는게 핵심이다.

[나쁜 예]

인턴십에서 개인 분석 프로젝트를 맡았습니다. 가설 설정, 전처리 작업, 분석, 결과 도출의 과정을 거쳐서 결과물을 낼 수 있었습니다. 실무 현업 선배에게 좋은 피드백을 받았고, 빅데이터에 대한 이해를 넓힐 수 있었습니다.

⇒ 경험을 통해 배운 내용이 너무 짧다. 경험만 설명한 비중이 크다.

[좋은 예]

인턴십에서 개인 분석 프로젝트를 맡았습니다. 이탈 고객 예측을 통한 프로모션 비용 감축을 달성하기 위해 데이터 분석을 진행했습니다. 인턴십을 통해 직접 빅데이터를 다루어 보며 빅데이터에 대한 이해와 데이터 분석 능력을 향상할 수 있었습니다. 또한, 저를 담당했던 선임 사원 그리고 팀장의 커리어 경험 및 직무 비결을 들으면서 데이터 분석가로서 가져야 하는 마음가짐과 끊임없이 공부하고 변화에 빠르게 적응해야 한다는 것을 배웠습니다. 스스로 통찰력 향상을 위해 어떻게 노력해야 할지를 고민해보는 기회가 되었습니다.

⇒ 이 인턴십 경험을 통해 어떤 것을 배우고 느꼈는지를 충분히 드러냈다. 지원자가 어떤 역량을 갖췄는지 쉽게 파악할 수 있다.

2. 자신의 강점, 목표, 포부를 명확하게 작성하기

두 번째는 '자신의 강점, 목표, 포부를 명확하게 작성하기'이다. 말하고자 하는 바가 명확하지 않고, 왜 지원했는지 어떻게 기여하고 싶은지를 알 수 없는 자기소개서는 좋지 않다. 이는 인사담당자들이 제일 싫어하는 자기소개서 유형이다.

잡코리아 설문조사 결과 인사담당자 2명 중 1명은 이 유형을 나쁜 자기소개서로 분류했다. 두루뭉술하게 쓴다는 것은 이 회사에 관심이 없지만, 그냥 지원했다고 말하는 것과 똑같다. 예를 들어보자.

[나쁜 예]

저는 분석 역량을 꾸준히 키워왔습니다. 그러므로 분석을 통해 회사의 매출 상승에 기여하겠습니다.

이런 문장은 현업 실무자에게 하나도 와닿지 않는다. 물론 현업을 경험해보지 못했으니 회사에서 어떤 일을 하는지, 자신이 어떤 도움이 될 수 있을지 정확히는 말할 수 없다. 하지만 기업분석을 하고 자료조사를 했다면 조금이라도 회사와 엮어서 구체적으로 쓸 수 있다. 나라면 이렇게 쓸 것이다.

[좋은 예]

인턴십을 통해 직접 오프라인 매장 데이터를 다루고 분석해보면서, 고객의 이탈을 예측하고 관리하는 법을 배울 수 있었습니다.

그래서 저는 ○○ 회사에서 매장 빅데이터 분석을 통해 고객 LTV 관리 솔루션을 만들어 고객 유치 비용 관리 절감과 매출 상승에 동시에 기여하겠습니다.

이렇게 쓰면 글을 읽는 평가자는 지원자가 회사에 입사해서 무슨 일을 하고 싶은지, 어떤 일을 맡겨도 될지를 머릿속에 그릴 수 있다. 이 예시처럼 지원자가 어떤 사람인지, 회사에 어떻게 녹아들 수 있을지 상상할 수 있도록 구체적으로 작성하는 것이 중요하다. 그래서 다음과 같이 쓰는 것이 좋다.

①자신의 구체적 경험(어떤 프로젝트, 자신이 어떤 역할로 기여했는지, 결과는 어땠는지)을 작성한다.

②그 경험을 통해 배운 점과 느낀 점을 쓴다.

③지원하는 회사에 그 느낀 점을 어떻게 적용하여 기여할 수 있는지를 마지막 포부로 남긴다.

어떻게 기여할 수 있는지를 알려면 당연히 회사에 대해 분석을 해야 한다. 이것은 뒷장의 '기업분석'에서 설명하겠다. 최대한 자신이 회사에 관심을 가지고 공부했다는 것을 자기소개서에서 느낄 수 있도록 하는 것이 중요하다. 그래야 인상 깊은 자기소개서로 남을 수 있다. 자신이 정말 이 회사에 가고 싶은지 아닌지를 떠나서, 적어도 이 회사의 자기소개서를 쓸 때만큼은 이곳에 꼭 가고 싶어서 역량을 쌓았고 기업분석을 철저히 했다는 인상을 주어야 한다.

3. 경험을 멋있게 포장하기

마지막은 '경험을 멋있게 포장하기'이다. 자기소개서는 자신의 경험 사실을 바탕으로 작성해야 하는 것이 맞다. 그래야 자기소개서를 쓸 때 더 구체적으로 쓸 수 있고, 자기 생각도 잘 담을 수 있다. 그런데 너무 솔직한 사람들이 있다. 예를 들어보자.

[나쁜 예]

○○ 프로젝트를 했습니다. 리더는 아니었지만, 팀원으로서 ○○를 맡아 열심히 했습니다.

이 문장은 어떻게 느껴지는가? 수동적인 사람이라고 느껴지지 않나? 리더십을 발휘해서 적극적으로 한 것이 아니라, 일원으로서 기여했다는 언급은 신입사원 자기소개서에서 좋은 표현이 아니다.

당연히 신입사원은 선배가 시키는 일을 하는 등 업무에 적응하기 전까지 수동적이겠지만, 회사에서는 진취적이고 열정적인 신입사원을 요구한다. 그래서 우리는 그런 성격이 아니어도 일단 요구하는 인재상에 맞춰주어야 한다. 나라면 같은 경험이어도 다음과 같이 쓸 것이다.

[좋은 예]

저는 ○○ 프로젝트를 했습니다. ○○에서 문제의식을 느끼고 팀원들에게 공유한 후 해결 방법에 대해 ○○ 방향성을 제시했습

니다. ○○ 역할을 맡아서 프로젝트의 ○○ 성과를 달성할 수 있
도록 팀원들과 계속 소통하려고 노력했습니다.

위의 예에서 전자보다 후자를 더 뽑고 싶지 않을까? 자신을 패기 있
는 사람, 리더십 있는 사람으로 포장하자. 어떤 경험을 했을 때 실제보
다 자신의 역량이 더 뛰어난 것처럼 포장하는게 중요하다. 자소설을
쓴다는 말을 나는 공감한다. 대학생 수준에서 우리가 할 수 있는 경험
은 다 비슷비슷하다. 그 경험을 바탕으로 소설처럼 다음에 나올 내용
을 궁금하게 만들어주는 것이 중요하다. 있는 그대로를 다 솔직하게
보여줄 필요는 없다. 인사담당자들이 좋아할 만한 인재의 모습을 자
신과 결합하여 포장하는 것도 중요한 역량이다.

결론

자기소개서는 쓰고 싶은 말이 많아도 잘 압축해서 '기업을 분석한
내용'+'자기 생각'을 위주로 말해야 한다. 그것을 어떻게 서술하는지
도 중요하다. 위에서 말한 세 가지를 지키지 않으면 좋은 소재의 경
험이어도 전달력이 떨어진다. 반대로 누구나 할 수 있는 뻔한 경험
이라도 읽고 싶게 만들 수 있는 것이 서술의 힘이다. 회사에 대한 이
해도가 잘 드러나고 자신의 역량이 잘 포장된 자소설을 써야 한다.

9
전략적으로
직무 선택하기

직무 선택이 합격률을 높일 수 있다

자기소개서를 쓰기 전에 중요하게 해야 할 일이 있다. 어느 회사에 지원할 것인지, 어느 직무로 지원할 것인지를 골라야 한다.

나는 내가 가고 싶은 대기업에 합격하기 위해, 원하는 직무를 수행하기 위해 4학년부터 데이터 사이언스 관련 수업(내 희망 직무)을 많이 수강했다. 지원할 수 있는 직무의 폭을 넓히기 위해 강의를 신중하게 선택해 수강하는 것도 좋은 취업 전략이다. 최근 채용에서는 취업 준비생이 어떤 강의를 들었는지도 인사담당자와 실무진이 중요하게 보기 때문이다. 실제로 면접에서도 그 과목에서 어떤 것을 배웠는지를 물어본다.

데이터 사이언스 직무에서 항상 산업공학과는 우대 전공 중 하나에 속한다. 그래서 나는 '우대 전공'+'경쟁자' 사이에서 더 좋은 스펙을 갖추기 위해 두 번의 인턴 모두 데이터 사이언스 직무로 업무를 수행했다. 나는 나의 경쟁 스펙을 데이터 사이언스 직무에 집중했고, 정규직을 지원할 때도 데이터 사이언스 직무 위주로 지원했다. 서류 전형에 합격할 확률을 최대한 높이기 위한 전략이었다.

이제 본론으로 들어가 어떻게 직무를 전략적으로 고를지 알아보자. 직무 선택을 할 때 두 가지를 고려해서 선택하는 것이 유용하다.

첫째, '우대 전공/우대 조건에 해당하는 직무가 1순위'다.

둘째, '보유한 스펙, 경험과 일관성 있는 직무만 선택'이다.

우대 전공/우대 조건에 해당하는 직무가 1순위

첫째 '우대 전공/우대 조건에 해당하는 직무가 1순위'를 이야기하겠다. 서류 전형의 합격률을 높이려면 전략적으로 직무를 선택해야 한다. 그중 제일 쉬운 길이 우대 전공과 조건을 활용하는 것이다. 어쩌면 '문송하다'는 말이 여기서 나오는 것일 수도 있다. 대부분 회사의 채용 공고를 보면 자격요건에 특정 전공을 우대하거나 특정 스펙 및 경험을 요구하는 직무가 있다.

보통 문과 계열 직무 중에 마케팅, 경영, 재무/회계 직군이 특정 자격을 요구한다. 보통 경영학과 사람들이 우대 전공 혜택을 받는다. 문과 계열 중에는 경영학과, 언론정보학과, 경제학과가 채용 직무에서 우대 전공으로 취급하는 회사가 많으므로 해당하는 구직자는 적극적으로 활용할 것을 추천한다.

위 전공에 해당하지 않는 순수 문과 계열이라면 인턴십, 어학/자격증과 같이 서류로 입증할 수 있는 스펙을 쌓는 것이 무조건 우선이다. 그 스펙을 우대 조건으로 제시하는 회사를 찾고, 그 직무에 지원하는 것이 최선이다.

이과 계열이라고 해서 무조건 유리한 것은 아니다. 공대는 수요가 있는 제조업 회사가 많다. 자기 전공에 맞는 우대 직무에 지원하면 서류 전형에 통과할 확률이 높다. 물론 자기소개서도 잘 써야 한다. 최근에는 이과 계열 중에는 공대, 통계학과, 수학과, 컴퓨터학과가 유리하다. 4차 산업혁명 이슈와 함께 데이터 사이언스와 개발자의 수요가 계속 늘고 있다. 여러 회사의 채용 공고를 보면, 어떤 산업군이든 개발자와 데이터 사이언티스트를 요구한다. 그래서 위 우대 전공이라면 해당 직무에 적극적으로 지원하는 것이 좋다.

하지만 위에서 언급한 유리한 전공이 아닌 자연계열 이과는 경영학과가 아닌 문과처럼 애매하다. 예전처럼 이과라면 무조건 우대하는 시대는 지났다. 유리한 전공에 해당하지 않는 순수 이과 계열이라면, 순수 문과 계열과 마찬가지로 인턴십이나 어학/자격증과 같이 '서류로 입증할 수 있는 스펙'을 쌓는 것이 우선이다. 그 후 이 스펙에 해당하는 우대 조건을 요구하는 회사가 있는지 찾아보고 해당 직무에 지원해야 한다.

우대 전공이 아니어도 우대 조건, 스펙을 만족한다면 커버할 수 있다. 보통 위에서 언급한 우대 전공에 해당하지 않는 모든 전공의 사람들은 우대 조건/스펙을 쌓아야 한다. 예를 들어, 마케팅 직군을 지원했는데 우대 조건에 마케팅 현업 유경험자라고 쓰여 있는 경우다.

그러면 경영학과는 아니지만, 마케팅 관련 인턴십 경험이 몇 개월 이상 있다면 우대받을 수 있다. 그 외에 OPIc IH 이상 우대, ○○ 기사 자격증 우대와 같은 어학/자격증 우대 조건이 있다.

우대 조건/전공은 말 그대로 우대한다는 것이다. 서류가 우선 검토 대상이 되고, 가점도 있다. 힘든 취업 시장에서 조금이라도 유리한 위치를 차지하려면 우대 전공/조건을 적극적으로 활용하자.

보유한 스펙, 경험과 일관성 있는 직무만 선택

둘째는 '보유한 스펙, 경험과 일관성 있는 직무만 선택'이다. 우대 전공인데 그 외 스펙까지 직무와 연관된 것이라면 매우 좋다. 이에 해당한다면 무조건 서류 전형 1순위다. 그런데 우대 전공/조건을 만족하지 못하는 사람이 꽤 있다. 그렇다면 자신이 수강한 과목과 외부에서 쌓은 스펙을 나열해본다. 공통점이 있는 스펙만 묶어본다. 그 공통점에 해당하는 직무로 지원하는 것이 좋다. 일관성이 중요하므로 비슷한 것들끼리 묶어야 한다.

예를 들어 나 같은 상황에 해당한다. 나는 전공으로 생산관리를 배웠지만, 데이터 사이언스에 관심이 생겨서 그쪽으로 나아가고 싶다고 생각했다. 4학년 때부터는 산업공학 필수전공 외에 나머지는 데이터 사이언스 과목 위주로 수강했다. 두 번의 인턴십 모두 빅데이터 직무로 수행했다. 나는 정규직 채용 때 데이터 사이언스 직무에 지원했고, 수강과목과 인턴십 경험을 서류에 잘 녹여냈다.

자신이 보유한 스펙과 관련 없는 직무를 선택하면 무조건 떨어진다. 아무리 자기소개서를 잘 썼다고 해도 직무와 스펙 간 연관성이 없으므로 뽑아야 할 이유가 전혀 없다. 붙을 확률이 매우 희박하다. 관련 경험도 없으면서 재밌을 것 같은 직무를 선택하는 것은 금지다.

이제 자신이 가고 싶은 회사의 채용 공고를 쭉 살펴보자. 직무 옆 우대 조건/전공에 자신이 해당하는지를 최우선으로 본다. 있다면 무조건 그 직무다. 아니라면 나열된 직무 중 자신과 조금이라도 연결될 수 있는 직무를 고른다. 연결 지을 스펙과 경험을 나열해본다. 자기소개서에 담을 내용이 충분히 있다고 생각되면 그 직무에 지원한다.

결론

이렇게 말하는 사람들이 있을 것이다. "나는 내가 즐길 수 있는 일을 하고 싶은데, 내 선호도를 떠나서 유리한 직무에만 지원하면 나중에 후회하지 않을까요?" 그렇다. 반은 맞고 반은 틀리다. 해보고 싶은 직무에 지원하지 않고 다른 직무로 입사하면 적성에 안 맞아 후회하게 된다. 그런데 해보고 싶은 직무에 지원해서 입사한 사람들도 똑같다. 재미있고 잘 맞을 것으로 생각했는데, 자기 생각과 다른 것에 괴리감을 느껴 후회하는 것이다.

회사에 들어가서 자신이 정말 하고 싶은 일을 할 수 있는지 아닌지는 직무만으로 결정되지 않는다. 입사한 후에 인사팀에서 추가 평가를 하여 관심사를 검증하고 최종적으로 그 사람에게 잘 맞을 것 같은 팀에 배치한다. 그래서 일단 입사하고 생각해도 늦지 않는다. 부서 배치 전에 자신이 희망하는 직무나 가고 싶은 팀을 어필할 기회는 있다. 취업을 준비하는 시점에서 직무보다 더 중요한 것은 자신이 가고 싶은 회사다. 다들 꼭 가고 싶은 회사가 한두 개씩은 있을 것이다. 내가 이 책을 쓴 계기도 취업 준비생 자신의 강점과 스펙을 최대한 살려서 가고 싶은 대기업에 갈 수 있게 만들고 싶어서다.

회사에 입사한 후 선배에게 들은 이야기가 있다. "직무를 고를 때 내가 좋아하고 즐길 수 있을 것 같은 일을 찾기보다, 재미있지 않아도 질리지 않고 꾸준히 잘할 수 있는 일을 찾아라." 회사에 입사하면 10년 이상 계속 다닐 것이다. 그렇게 생각하면 첫 직무가 그렇게 중요한 것은 아니다. 자신에게 맞는 직무를 찾아가는 과정은 입사하고 나서 해도 늦지 않다고 생각한다.

10
기업분석1 –
'입사 후 목표 및 포부'
작성을 위한 연결재무제표 활용법

기업분석 필수 아이템 - 사업보고서

자기소개서를 쓰기 전에 꼭 해야 하는 것이 있다. 바로 기업분석이다. 기업분석은 회사에 대한 정보를 수집하고, 내가 이 회사에 왜 지원했는지 타당한 사유를 찾는 과정이다.

일단 내가 지원한 회사가 어떤 사업을 하는 곳인지 알아야 한다. 그래야 자기소개서를 쓸 때 내가 이 회사에 관심이 많다는 것을 어필할 수 있다. 그리고 입사하면 이 회사에 어떤 기여를 할 수 있을지 연구해야 한다. 그래야 내가 이 회사에 꼭 필요한 인재라고 주장할 수 있는 타당한 근거를 제시할 수 있다. 동시에 회사 지원동기&입사 후 목표 및 포부의 강력한 사유가 된다.

'입사 후 목표 및 포부'는 자기소개서를 쓸 때와 면접을 볼 때 매우 중요하다. 지원자의 회사에 대한 관심도를 직접 확인할 수 있는 답변이기 때문이다. 인사담당자가 지원자를 볼 때 직무역량도 매우 중요하게 생각하지만, 그보다 더 중요하게 생각하는 것이 바로 회사에 관한 관심도다. 직무역량이 훌륭해도 회사에 대한 이해와 관심도가 떨어지면 절대 합격시키지 않는다. 회사에 애정을 가지고 오랜 시간 같이 일하며 회사의 발전에 기여할 사람을 뽑는 것이 채용의 궁극적 목표이기 때문이다. 그래서 이 답변을 잘 작성하는 것은 지원자의 합격, 불합격 여부에 큰 영향을 미친다.

답변을 잘 작성하기 위해 꼭 활용해야 하는 것이 사업보고서다. 사업보고서에서는 크게 두 가지를 봐야 한다. '사업의 내용', '연결재무제표'다. '사업의 내용'은 지원동기를 잘 작성하기 위해 꼭 필요하다. 이에 관한 내용은 다음 장에서 구체적으로 설명하겠다. 이번 장에서는 기업분석에 꼭 필요한 '전자공시시스템(DART)'에 접속하는 법, 사업보고서 '연결재무제표'를 활용해 '입사 후 목표 및 포부'를 작성하는 법을 알아보겠다.

전자공시시스템에 접속하는 법

기업분석을 할 때 반드시 활용해야 하는 홈페이지가 있다. 바로 전자공시시스템(DART)이다. 우리나라 모든 기업의 자세한 정보를 전자공시시스템으로 열람할 수 있다. 대표적 기업정보로 사업보고서가 있다.

기업이 '직접' 작성한 정보이므로 신뢰도가 매우 높다. 기업과 관련된 대부분의 사실 정보가 DART에 있으니, 그 외 출처를 알 수 없는 자료는 사용하면 안 된다. DART에 있는 기업정보만으로도 충분히 기업분석을 할 수 있다.

①구글 검색 창에 'DART' 혹은 '전자공시시스템'을 검색했을 때 맨 위에 뜨는 '전자공시시스템 – 대한민국 기업정보의 창, DART'를 클릭하면 된다.

②홈페이지가 하나 열리면서 검색창이 뜬다. 회사명에 본인이 지원하려는 회사를 입력하고, 기간은 넉넉하게 '3년'을 클릭한다.

③바로 아래에 있는 '정기공시' 버튼을 누르면 여러 체크박스 목록이 뜬다. 오른쪽의 '전체선택' 버튼을 누른 후에 '검색' 버튼을 누른다.

④사업보고서 혹은 분기(반기) 보고서가 여러 개 뜰 것이다. 사업보고서가 제일 좋고, 만약 없다면 반기보고서도 괜찮다. 접수 일자가 제일 최근인 보고서를 클릭한다.

⑤그러면 사업보고서 창이 뜬다. 왼쪽의 문서목차를 보면 '사업의 내용'과 '연결재무제표' 항목이 있다.

'사업의 내용'은 이 회사에서 현재 어떤 사업을 하는지, 앞으로 어떻게 사업을 운영할 것인지가 자세하게 담겨 있다. 제일 중요한 내용이 이 페이지에 담겨 있으므로 반드시 여러 번 반복해서 읽어보아야 한다. 중요하다고 생각하는 포인트는 메모장에 꼭 따로 정리해두어야 한다. 자기소개서를 쓸 때 메모장에 기록한 내용을 활용하면 된다. 이제 이번 장의 핵심인 '연결재무제표' 항목을 살펴보자.

연결재무제표를 활용해 '입사 후 목표 및 포부' 작성하는 법

사업보고서에서 왼쪽의 '연결재무제표'를 클릭하면 재무상태표와 손익계산서가 등장한다. 보통 3년 치의 자산 현황 및 매출 실적을 공개한다. 그중에서 매출 실적을 자세하게 봐야 한다. 이 회사가 현재 성장하고 있는지, 성장하고 있다면 어떤 서비스/제품이 성장하고 있는지를 알아야 입사 후 목표를 잘 설정할 수 있기 때문이다.

A 회사를 예시로 보면 A 회사 사업보고서의 연결재무제표 – '매출 실적'을 요약한 내용은 다음과 같다.

〈매출 실적〉

2019년 매출 : 23조 원 (전년 대비 5% 감소)

X 사업부 6%, Y 사업부 7% 증가, Z 사업부 19% 감소, W 사업부 14% 증가

부문	품목	2019	2018	2017
X 사업부	TV, 모니터 등	450억	420억	450억

Y 사업부, Z 사업부 생략….

위와 같이 사업부별로(또는 회사 전체가) 3년간 얼마만큼의 매출을 달성했는지 확인할 수 있다. 중요한 것은 숫자 자체보다 흐름과 연도 간 차이 폭이다. 지난 3년간 매출이 계속 증가했는지 또는 하락했는지를 확인해야 한다. 그러한 변화가 있다면 그 변화 이유를 추

론해야 한다. 상승 폭이 크거나 하락 폭이 크다면 역시 왜 그렇게 변화했는지 고민해야 한다. '사업의 내용' 항목을 같이 참고해서 자기 생각과 로직을 도출해야 한다.

예를 들어, 앞의 그림을 보면 X 사업부 부문의 2018년 매출이 2017년과 비교해 많이 하락했다. 왜 그런지 알아보겠다. '사업의 내용'을 읽다보면 제품별로 매출 실적이 구분되어 있는 표를 발견할 수 있다.

〈제품별 매출 실적〉

구분	2019	2018	2017
영상기기	260억	250억	280억

X 사업부가 영상기기 사업을 운영한다고 하자. 위를 보면 영상기기(TV)의 매출이 2018년에서 많이 하락한 것을 확인할 수 있다. 이것뿐만 아니라 추가 정보를 더 확인할 수 있다.

〈생산실적〉

(단위 : 개수)

부문	품목	2019	2018	2017
X 사업부	TV	4,400만	3,700만	3,900만

TV가 단순히 덜 팔려서 재고가 많이 쌓였다기보다 생산 자체도 2017년에 비해 2018년이 적었던 것을 확인할 수 있다. 즉 2018년 당시에는 2017년보다 생산 여력이 좋지 않은 상황이었다는 것을 방증한다.

〈국내외 시장여건〉

TV 시장의 트렌드인 대형화, 고화질화

⇒ Device, 업체 간의 경쟁 격화

제품력, 브랜드파워를 앞세운 메이저(Major) 업체의 강세

앞의 두 개의 숫자 데이터뿐 아니라 X 사업부 매출의 하락을 증명하는 요소는 사업의 내용에서 얼마든지 다양하게 찾을 수 있다. 위의 글도 그중 하나다. 경쟁사 업체와의 경쟁이 계속 심화하고 있다고 설명하고 있다. 위 내용을 종합해보았을 때, 2018년의 매출이 부진한 이유는 생산 여력이 좋지 않던 당시 시장 상황 및 글로벌 경쟁사 업체와의 경쟁 심화라고 정리할 수 있다.

이렇게 매출 실적을 사업의 내용+연결재무제표에서 살펴보면서 매출 흐름을 파악하고, 왜 그랬는지에 대한 원인을 추적해가는 과정이 매우 중요하다. 이러한 추적 과정에서 회사의 사업을 잘 이해할 수 있고, 현 시장 상황이 어떠한지 빠르게 이해할 수 있다. 회사의 사업을 잘 이해하고, 그 산업군의 상황이 현재 어떠한지 잘 아는 것은 중요하다. '입사 후 목표'를 작성할 때 다른 지원자보다 더 구체적으

로 목표를 작성할 수 있기 때문이다.

앞의 A 회사 예시를 바탕으로, '입사 후 목표' 작성 예시를 간략하게 써봤다.

입사 후 목표 작성 - 연결재무제표를 활용 (예시)

재작년 단기적 시장 침체와 소비 위축으로 인해, 가전제품 특히 TV의 매출이 많이 하락했습니다. 하지만 최근 2019년 A 회사는 FRAME TV를 출시하며 TV 시장의 판도를 바꿨습니다. TV는 단순히 전자제품이 아니라 라이프스타일이라는 이미지를 굳히며 소비자의 일상에 깊숙이 침투하는 데 성공했습니다. 그 결과 TV 사업의 매출은 호조를 이루고 있으며, QLED의 끊임없는 진화와 함께 한층 더 발전할 것입니다. TV 트렌드에 대한 선호도는 매우 빠르게 바뀌고 있고, 소비자의 심리도 더욱더 파악하기 복잡한 시대가 왔습니다. 그러나 소비자의 심리를 정확하게 파악할 수 있는 데이터도 많이 축적되어 있습니다. 저는 데이터 분석 직무를 맡아 X 사업부 매장 매출 데이터, A 회사 홈페이지 내 Customer Journey 로그 데이터를 활용해 초개인화 시대에 맞는 개인 맞춤형 프로모션 솔루션을 구축할 것입니다. 또 SNS 및 소셜 트렌드 데이터를 분석하여 소비자들의 소비 심리를 계속 확인해 나가면서 앞으로 A 회사의 TV 사업부가 세계 TV 시장의 방향성을 선도해나가는 데 기여하겠습니다.

연결재무제표를 읽으며 기업분석을 하면, 위와 같이 입사 후 목표 및 포부를 구체적으로 작성할 수 있다. 잘 작성된 입사 후 목표 및 포부는 인사담당자의 시선을 끄는 매력적인 자기소개서로 만들어준다. 그러므로 위의 방법과 예시를 참고해 기업분석을 완벽하게 해야 한다.

결론

많은 취업 준비생이 기업분석을 하기 위해 이것저것 다양한 경로의 정보를 활용하려고 노력한다. 하지만 잡다한 정보는 그다지 쓸모가 없다. DART에 있는 기업정보를 활용하는 것만으로도 취업 준비를 완벽하게 할 수 있다. 그러므로 효율적인 취업 준비를 위해 반드시 DART를 활용하자.

기업분석은 서류 전형부터 면접 전형까지 모두 영향을 미친다. 자기소개서를 쓸 때 기업분석을 한 내용이 큰 도움이 될 때가 많다. 잡코리아 취업포털에 공개된 잘 쓴 자기소개서를 보면 모두 기업분석이 잘 된 자기소개서다. 그만큼 기업분석이 자기소개서에서 차지하는 비중이 높다. 면접을 볼 때도 기업분석 준비가 잘 된 지원자에게 한 번이라도 더 눈길이 갈 수밖에 없다.

결론적으로 기업분석은 취업 합격에 결정적 영향을 미친다. 그러므로 자기소개서를 쓰기 전에 DART를 활용해서 기업분석을 철저하게 해야 한다.

11
기업분석 2 -
'지원동기' 작성을 위한
'사업의 내용' 활용법

지원동기 작성을 하려면 '사업의 내용'을 봐야 한다

기업분석을 할 때 꼭 사업보고서를 보아야 한다고 언급했다. 그리고 사업보고서에서 두 가지 항목에 집중해야 한다고 했다. '사업의 내용'과 '연결재무제표'다. 지난 장에서 '연결재무제표'를 어떻게 입사 후 목표 및 포부에 적용하는지 배웠으니, 이번 장에서는 '사업의 내용'을 어떻게 지원동기에 적용해야 하는지 알아보자.

기업분석의 완성도는 곧 '사업의 내용' 항목을 완벽하게 이해했는지를 의미한다. '사업의 내용'에 기업의 사업 정보와 관련한 모든 정보가 담겨 있기 때문이다. 그래서 '사업의 내용'과 '연결재무제표'만 보고도 기업분석을 90% 끝냈다고 말할 수 있다. 마지막 10%는 나중에 설명하겠다.

'사업의 내용'을 잘 공부한다면 지원동기를 쓸 때 회사의 사업과 관련해서 최대한 구체적으로 작성할 수 있다. 구체적으로 회사의 사업과 자신을 연관 지어 작성할 수 있다는 것은, 인사담당자에게 자신이 정말 이 회사에 관심이 있어서 지원했다는 것을 어필할 좋은 기회를 얻는다는 것이다. 회사에 대한 관심도를 최대한 많이 어필할수록 합격할 수 있는 확률이 매우 높아진다. 그래서 지원동기는 합격의 핵심이며, 합격하기 위해서는 '사업의 내용'을 꼭 활용해야 한다.

'사업의 내용'은 그 어떤 취업 자료보다 효율적이고 간결하다. 예전에 취업 준비를 할 때, 친구가 SNS에 'L' 취업포털 삼성전자 기업분석 보고서 무료 나눔을 공유한 것을 봤다. 나는 얼마나 잘 정리된 보고서인지 궁금해서 친구의 파일을 봤다. 글을 읽어보니 핵심만 잘 정리한 것이 아니라 관련한 모든 정보를 여기저기서 다 긁어온 보고서였다. 굳이 몰라도 되는 정보까지 다 있었다.

하지만 사업보고서의 '사업의 내용'은 다르다. 취준생에게 정말 필요한 기업정보만 잘 요약되어 있다. 그래서 시간을 절약하면서 훨씬 효율적으로 기업분석을 할 수 있다. 그 어떤 정보보다 신뢰도가 높다. 외부 정보는 취업포털이나 외부 사람에 의해 변형되고 왜곡되지만, 사업보고서는 기업이 직접 작성한 정보이므로 정확한 정보만 있다. 따라서 다 외부 정보를 제쳐두고 제일 먼저 봐야 할 것이 '사업의 내용'이다.

이제 지원동기를 잘 작성하기 위해, 기업분석을 할 때 '사업의 내용' 중에서 어떤 정보를 중심으로 읽고 메모해야 하는지 알아보자.

'사업의 내용'에서 꼭 봐야 할 것

취업 준비생이 완벽한 지원동기 작성을 위해 '사업의 내용' 항목에서 꼭 봐야 할 목록은 다음과 같다.

① 주요 제품/서비스
② 산업의 특성
③ 국내외 시장여건 및 영업의 개황

A 회사를 예시로 보자.

주요 제품/서비스

'사업의 내용'에 제일 처음에 등장하는 것은 주요 제품/서비스다.

〈주요 제품〉

부문	제품
Y 사업부	컴퓨터, HHP 등
X 사업부	TV, 모니터, 냉장고 등

Z 사업부, W 사업부 생략….

이 표를 보면, A 회사에서 어떤 제품을 판매하는지 한눈에 확인할 수 있다. 이처럼 다른 기업 보고서도 초반부에는 어떤 제품/서비스를 제공하는지에 대한 설명이 나와 있다. 자신이 지원한 회사가 어떤 사업을 하는 회사인지 아는 것은 필수다. '사업의 내용'에서 이와 같은 표가 나오면 주의 깊게 살펴보아야 한다.

산업의 특성

제품/서비스의 소개 다음으로는 산업의 특성과 현황이 나온다.

〈Y 사업부〉

산업의 특성 & 현황

휴대폰 산업은 1세대에서 시작해 현재 데이터 초고속 전송이 가능한 4세대 LTE 서비스가 확산됨. 또한 2019년 초 5G 서비스가 한국과 미국에서 본격 상용화 시작하여 유럽과 호주로 확산됨. 5G 스마트폰이 2020년에는 1.6억대 판매될 것으로 예상함.

위 내용은 A 회사의 산업 특성이다. 읽어보면 이 회사가 주력하는 제품의 산업이 어떻게 발전해왔는지, 또 미래는 어떻게 될지를 언급하고 있다. 이 정보 역시 매우 중요하다. 이 회사의 역사가 담겨 있고, 이 산업군이 미래에 어떻게 변화할지를 추론할 수 있기 때문이다.

그래서 '산업의 특성' 정보를 주목해서 읽어야 한다. 읽고 나면 회사의 어떤 사업에 초점을 둘지, 입사하면 자신 직무와 엮어서 그 사업에 어떻게 기여할지 감을 잡을 수 있다.

다시 A 회사를 예로 들어보자. 윗글에서는 미래에 주목하는 사업은 5G다. 만약 자신이 네트워크 인프라 직무에 지원한 사람이라면 이런 식으로 작성할 수 있다.

지원동기에 회사에 관한 관심도 녹여내기 (예시)

4차 산업혁명 시대에 혁신은 계속 가속화하고, 이에 따라 네트워크 고도화에 대한 수요는 가파르게 증가하고 있습니다. 이에 따라 일반 스마트폰에도 5G를 적용하려는 노력은 계속될 것입니다. A 회사는 세계적으로 이동통신사와 협업해 5G 기술을 적극적으로 활용하며 시장을 선도하고 있습니다. 저는 국내 전국 5G 통신망 완전 구축을 통한 정보혁신 속도 향상 달성에 기여하고 싶습니다.

위 예시와 같이 회사에 입사해서 하고 싶은 일을 구체적으로 언급할 수 있다. 이런 식으로 '산업의 특성'을 보면서 내가 회사에서 어떤 일을 하고 싶고, 어떤 목표를 달성할지 고민해보아야 한다. 그게 곧 지원동기 답변의 핵심이다.

국내외 시장여건 및 영업의 개황

'산업의 특성' 다음으로 살펴보아야 할 것은 '국내외 시장여건 및 영업의 개황'이다.

〈국내외 시장여건〉

시장 성숙, 제품 고사양화 ⇒ 차별화 부족 ⇒ 휴대폰 교체주기 증가.
스마트폰 시장 규모는 2019년 대비 2020년에 축소할 것으로 전망.
태블릿 시장 규모는 전년 수준을 유지할 것으로 예상.

〈Y 사업부 제품 시장점유율〉

(단위 : %)

제품	2019	2018	2017
스마트폰	18	17	19

여기서는 현재 시장 상황이 어떤지, 어떤 사업에 주력해서 영업하고 있는지에 대한 설명이 나온다. 이 글도 '산업의 특성'과 함께 묶어서 한 세트로 보면 좋다.

결론적으로 이 회사가 현재 시장여건이 어떠하며, 더 높은 매출을 달성하기 위해 어떤 사업 활동을 할지를 제시한다. 이 내용은 꼭 메모장에 정리해 놓아야 한다. 자기소개서를 쓸 때 자주 활용하기 때문이다. 지원동기를 쓸 때 정말 많은 도움이 된다. 회사가 주력하고 있는 사업에서 자신이 어떤 관심을 가지게 됐고, 자신의 역량을 발휘해 어떤 기여를 할 수 있는지 제시할 수 있다.

국내외 시장여건을 읽어보면 제품의 고도화에 따라 휴대폰 교체 주기가 증가하여 시장 규모가 축소할 것이라고 말하고 있다. 그러면 '모바일폰 시장이 이미 다 성숙하여 성장 한계에 도달'이라고 메모해야 한다.

그다음에 '영업의 개황'에서 이러한 상황을 어떻게 해결해나갈 것인지에 대한 입장을 설명하고 있다. 아래가 회사에서 제시하는 해결책이다.

〈영업의 개황〉

스마트폰 전략 : 프리미엄에서 보급형까지 다양하고 경쟁력 있
는 라인업 활용 ⇒ 지역별 시장 상황 & 경쟁 환경에 최적화된 제
품 포트폴리오 운영

프리미엄부터 보급형까지 다양한 제품 포트폴리오를 구축하겠다
는 것이 A 회사의 전략이다. 이것을 해석하면, 스마트폰을 최대한 다
양화해서 어떤 고객 타입이든(나이/국적/성별 불문) 그에 맞는 휴대
폰이 하나 이상은 있도록 만들겠다는 것이다.

나라면 위와 같은 회사의 전략을 메모장에 기록해 둘 것이다. 회
사에서 제시하는 전략과 내가 희망하는 직무를 어떻게 엮을 수 있을
지 고민할 것이다. 그러면 지원동기 답변에 다음과 같은 예시 목표
를 추가로 제시할 수 있다.

지원동기 - 목표 추가 (예시)

스마트폰의 포트폴리오 다양화 아이디어 기획 및 구체적인 디바
이스 디자인 설계를 통해, A 회사가 전 세계 모든 사람의 전자제
품에 대한 니즈를 공략하는 최고의 기업이 될 수 있게 만드는 것
이 목표입니다.

위 예시처럼 '국내외 시장여건'과 '영업의 개황'을 보면서 회사의
미래 사업과 자신을 엮을 수 있는 포인트를 계속 찾아 나가야 한다.

그래야 회사에 대한 관심도를 보여주고, 인재상에 부합하는 지원자라는 인상을 심어줄 수 있다.

결론

사업보고서에서 다른 항목들은 전혀 볼 필요 없다. '사업의 내용'과 '연결재무제표' 두 가지다. '사업의 내용'도 다 볼 필요 없고 세 가지만 보면 된다. '주요 제품/서비스', '산업의 특성', '국내외 시장여건 및 영업의 개황'이다. 이 세 가지에 집중해 읽으면서 반드시 기억해야 할 내용은 메모해야 한다. 그리고 자기소개서 지원동기에 어떻게 직무와 함께 엮어서 담아낼 수 있을지 계속 고민하며 읽어야 한다. 이것이 곧 완벽한 기업분석이다.

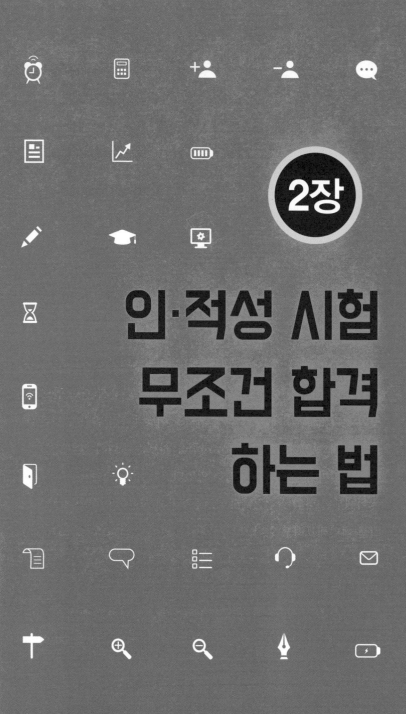

2장

인·적성 시험 무조건 합격 하는 법

1
인·적성 시험
실제 진행방식과 작은 팁

인·적성 시험 보기 전

취업 준비를 할 때, 서류 지원을 하고 3~4주를 기다리다 보니 합격 메일이 왔다. 곧이어 다음 날에 인·적성 시험 응시 관련 안내 메일이 왔다. 그 메일에는 인·적성 시험을 어떻게 진행할지 상세한 내용이 적혀 있었다. 언제 어디서 시험을 치르는지 나와 있었고, 소요 시간이 얼마나 걸리는지도 적혀 있었다.

이제부터 나의 실전 경험을 토대로 실제 시험이 어떻게 치러지는지를 얘기해보려고 한다.

시험 장소

시험 장소는 회사에서 중학교나 고등학교를 빌려서 진행한다. 내 인턴십 채용 때는 특이하게 회사 본사의 대강당에서 진행했지만, 대부분은 학교에서 진행한다는 것을 알아두면 좋다.

　참고로 채용 규모가 큰 기업은 고사장 학교 수가 매우 많다. 그래서 혹시나 회사에서 친절하게 집과 가까운 학교에 배정해주지 않을까 기대하는 지원자가 있다. 하지만 그럴 일은 없다. 학교를 구분하는 기준은 '지원 회사', '지원한 사업부/본부', '지원 직무'이 세 가지다. 같은 학교에 배정된 사람들은 모두 같은 회사, 같은 사업부에 지원했을 확률이 높다. 같은 반이라면 무조건 같은 직무를 지원한 경쟁자다.

시험 시간

　시험 시간은 보통 이른 아침이다. 그래서 전날 일찍 자는 것이 좋다. 내가 시험 봤던 기업들도 8시 30분, 9시 30분이 시험장 입실 시간이었다. 인·적성 시험 안내 메일에 나와 있는 시험 시작 시각보다 30분 일찍 가서 입실해야 한다. 넉넉하게 시간을 잡고 집에서 출발하는 것이 좋다.

시험 준비물

　준비물은 다섯 가지다. 신분증, 수험표, 컴퓨터용 사인펜, 볼펜, 수정테이프. 신분증은 신분을 증명하기 위해 꼭 필요하다. 안 가져오면 응시할 수 없다. 수험표 지참 여부는 기업마다 다르다. 수험표를 꼭 가져와야 하는 기업이 있고, 신분증만 가져와도 되는 기업이 있다. 대표적으로 삼성 그룹은 무조건 수험표가 있어야 한다. 그래서 인·적성 시험 안내 메일을 잘 확인하고, 수험표를 잘 챙겨야 한다.

컴퓨터용 사인펜, 수정테이프는 응시를 위해 당연히 필요한 준비물이다. 최근에는 면접관이 수정테이프를 지참하고 있으니 컴퓨터용 사인펜만 있어도 괜찮다. 마지막으로 볼펜은 기업마다 지참 여부가 다르다. 삼성 그룹은 볼펜으로 문제 푸는 것을 허용한다. SK그룹은 볼펜 허용을 하지 않고 무조건 컴퓨터용 사인펜으로만 풀게 한다. 그래서 안내 메일을 잘 읽어봐서 볼펜이 허용된다면 무조건 챙겨가는 것이 좋다. 컴퓨터용 사인펜은 펜 두께가 두껍다 보니 문제를 풀때 불편하다. 그래서 볼펜을 허용하는 기업은 볼펜으로 문제를 푸는 것을 추천한다. 참고로 컴퓨터용 사인펜만 사용해야 한다면, 빨간펜이 붙어 있는 펜 말고 검은색만 있는 펜을 쓰는 게 좋다. 두께가 얇아서 문제 풀기가 훨씬 수월하다.

시험 진행 과정

시험은 한 번 시작되면 쉬는 시간 없이 긴 호흡으로 진행한다. 적성검사의 경우 2시간 동안 쉬지 않고 계속된다. 한 영역이 끝나면 바로 다음 영역으로 넘어간다. 그리고 쉬는 시간을 가진 다음에 1시간 동안 인성검사를 진행한다. 사실상 2시간을 쉬지 않고 계속 머리를 굴리면서 문제를 풀어야 한다. 이 과정은 모의고사를 풀어보면 알겠지만, 꽤 피곤하다. 2시간 동안 집중해서 풀고 나면 머리에 피로감이 쌓인다. 그래서 본격적인 시험 시작 전에 에너지를 충전하는 것을 추천한다. 아침을 먹고 오는 것을 제일 추천하지만, 그럴 수 없는 상황이라면 초콜릿을 사서 먹는 것이 차선책이다.

　인성검사는 문제 푸는 것이 아니지만 문항 수가 많으므로 깊게 고민하지 않고 빠르게 풀어나가는 것이 중요하다. '어떻게 하면 더 좋은 사람으로 보일까?' 고민하면서 체크하는 사람이 있는데, 고민하다가 시간 안에 다 못 풀면 불합격할 확률이 높다.

시간 분배주의

GSAT (삼성 직무적성검사)	언어 논리	30문항 / 25분
	수리 논리	20문항 / 30분
	추리	30문항 / 30분
	시각적 사고	30문항 / 30분

　위 표는 'GSAT 시험 영역 및 주어진 시간'이다. 모든 인·적성 시험 자료를 들고 올 수는 없으니, 대표 시험인 GSAT 표를 가져왔다. 주어진 시간을 보면 알겠지만, 인·적성 시험은 한 문제당 1분 이내에 풀어야 한다. 문제를 풀면 컴퓨터용 사인펜으로 답을 바로바로 표시해야 한다. 따로 마킹하는 시간이 주어지지 않는다.

　GSAT뿐 아니라 모든 대기업의 인·적성 시험 시간은 이렇듯 촉박하다. 합격의 핵심은 제한 시간 내에 빠르게 최대한 많이 푸는 것이다. 어려워 보이거나 모르는 문제는 붙잡지 말고, 과감히 다음 문제로 넘어가 쉬운 문제 위주로 풀어야 한다.

결론

이번 장에서 알려주는 팁은 대부분의 인·적성 시험에서 공통으로 적용된다. 본격적으로 영역별 풀이법을 공부하기 전에, 이와 같은 정보를 미리 알아두면 실전에 큰 도움이 된다.

보통 열 명이 인·적성 시험을 봤다고 하면 합격하는 사람은 세 명이다. 30% 정도의 합격률이다. 생각보다 굉장히 까다롭다. 어설픈 준비로는 절대 인·적성시험에 합격할 수 없다.

인·적성 시험은 영역마다, 유형마다 학습 방식과 푸는 방법이 모두 다르다. 그래서 인·적성 시험의 과목과 문제 유형에 어떤 것이 있는지 큰 틀을 잘 숙지하고 있어야 하고, 푸는 방법도 반복해서 연습해야 한다. 이제 큰 틀을 파악했으니, 뒷장에서 영역별 공부방법을 숙지한다면 인·적성 시험에 충분히 합격할 수 있다.

플러스 알파-온라인 GSAT

이번 코로나 19 사태로 사회적 거리두기가 시행되면서 삼성 그룹이 인·적성 시험 GSAT를 온라인 시험으로 실시하기로 했다. 처음 도입하는 것이라 혼란스럽기도 하고, 인프라가 제대로 갖추어져 있는지에 대한 의문도 있기 때문에 많은 우려가 있었지만, 다행히도 시험은 큰 문제 없이 마무리되었다. 삼성 그룹은 다음 하반기 채용에도 온라인 GSAT 도입을 검토 중이다. 그러면 온라인 GSAT은 어떤 방식으로 진행되었을지 알아보자.

진행방식

시험 전(응시자 키트 배부~예비 소집)

서류 전형에 합격한 인·적성 시험 대상자는 응시자 키트를 각자 자기 집에서 받는다. 응시자 키트 안에는 스마트폰 거치대, 문제 풀이 용지, 신분증 가리개, 응시자 매뉴얼이 있다.

응시자 매뉴얼은 지원자가 인·적성 시험을 응시하기 전에 사전 세팅하는 방법을 알려준다. 신분증 가리개로 신분증 뒷자리를 가린 후 사진을 찍어서 시험 전에 미리 제출해야 한다. 문제 풀이 용지는 시험 당일에 문제 풀 때 사용하는 연습장이라 생각하면 된다. 스마트폰 거치대는 스마트폰을 고정하기 위해서 필요하다. 시험 볼 때 스마트폰으로 응시하는 모습을 비춰야 해서(감독관이 감독하기 위해) 거치대가 필요하다.

시험 보기 며칠 전에 예비 소집을 진행한다. 수능 예비 소집과 비슷하다고 생각하면 된다. 응시자들과 감독관이 미리 모여서 응시 환경을 미리 점검하고 확인한다.

시험 당일

오전, 오후 두 타임으로 나눠서 진행하며, 지원자는 회사가 배정해주는 시간(오전/오후 둘 중 하나)에 응시해야 한다. 시험 시작 1시간 전부터 신분증 검사, 주변 응시 환경 검사, 문제 풀이 용지 검사를 진행한다. 오전 10시에 본격적으로 시험을 시작한다.

2장_인·적성 시험 무조건 합격하는 법

문제 풀이

오프라인 시험에서는 문제지와 OMR카드를 나눠주지만, 온라인 시험에서는 컴퓨터 화면에 문제를 제시한다. 풀이 과정이 필요하다면 문제 풀이 용지를 활용한다.

응시 영역

응시 영역은 기존의 네 가지에서 두 가지로 축소됐다. 수리 영역과 추리 영역만 실시한다. 언어 영역과 시각적 사고 영역은 실시하지 않는다.

시험 시간

시험 시간은 기존과 똑같다. 수리 영역 20문제 30분, 추리 영역 30문제 30분이다. 총 시험 시간은 영역 사이의 점검 시간 5분을 포함해 총 65분이다.

주의점

삼성 그룹으로서는 처음 도입하는 것이지만, 준비를 꽤 철저히 했다. 응시 환경 점검 및 시험 중 감시도 매우 철저하게 진행한다. 그러므로 부정 행위 시도는 하지 않는 것이 좋다. 부정 행위로 의심되는 행동도 하면 안 된다. 가령 손으로 반복된 동작을 한다거나, 두 손이 책상 위에 있지 않는 행동은 오해를 살 수 있다. 그러므로 부정 행위로 의심되는 행동은 절대 하지 말자.

예비소집에 꼭 참석해야 한다. 응시자 키트에 '응시자 매뉴얼'이 있긴 하지만, 매뉴얼만으로는 궁금증이 다 해소되지 않는다. 모르는 것이 있으면 예비소집일 때 감독관에게 다 물어보자.

불안정한 응시 환경은 피해야 한다. 네트워크 신호가 세지 않은 와이파이 환경이나 방음이 잘 안 되서 소음이 들리는 환경은 좋지 않다. 네트워크나 주변 잡음으로 문제가 생기면, 멘탈이 흔들릴 수 있고 감독관에게 지적을 받을 수 있다.

응시자들의 후기

커뮤니티에서 응시자들의 후기를 읽어보니, 대체로 어렵다고 한 사람이 많다. 물론 정말 문제가 어려웠을 수도 있겠지만, 익숙하지 않은 환경 때문으로 보인다. 모든 지원자가 컴퓨터 화면과 문제 풀이 용지를 번갈아 보면서 푸는 것에는 익숙하지 않다. 그래서 더 어렵게 느껴지고 시간이 부족했을 것이다.

결론

문제 풀이 시간을 단축하는 풀이법을 익히는 것이 중요하다. 앞으로 시간 단축 풀이법을 계속 강조할 것이다. 변화한 응시 환경에 문제없이 적응할 수 있는 전략과 풀이법을 이제부터 알아보자.

2
인·적성 시험 문제 풀 때
지켜야 할 시간 관리 규칙 세 가지

실전에서 깨달은 인·적성 시험 파훼법

앞 장에서 강조했듯이 인·적성 시험의 제한 시간은 매우 촉박하다. 1분에 한 문제 정도로 문제를 풀어야 한다. 그래서 문제를 푸는 것과 함께 어떻게 하면 시간을 줄일 수 있을지를 고민해야 한다.

내가 정리한 인·적성 시험 시간 관리 규칙으로 세 가지가 있다. 각각에 대해 알아보자.

시간 관리 규칙 1 : 쉬운 문제부터 먼저 풀기

첫 번째 규칙은 '쉬운 문제부터 먼저 풀기'이다. 내가 LG 인·적성 시험을 봤던 시점으로 돌아가겠다. 나는 수리 영역을 풀고 있었다. 문제 구성이 수열 추론, 자료 해석, 방정식 이렇게 세 가지로 이뤄져 있었다. 수열 추론은 출제 패턴이 있어서 빠르게 풀었다. 문제는 자료 해석이었다. 당시 나는 자료 해석을 빠르게 푸는 법을 알지 못해서 문제 하나를 푸는 데 시간이 오래 걸렸다.

몇 문제 풀지도 못하고 좌절하면서 뒷장을 뒤적이던 중에 뒤의 10문제는 자료 해석이 아니라 방정식이라는 것을 발견했다. 체감상 자료 해석에 비하면 쉽고 푸는 속도가 빨랐기 때문에, 자료 해석을 과감히 건너뛰고 방정식을 풀었다. 그 후 남은 시간을 자료 해석에 다시 집중하여 한정된 시간에 최대한 많은 문제를 풀 수 있었다.

이것이 첫 번째 규칙이다. 문제를 무조건 순서대로만 풀려고 하지 말고 유연하게 대처하면 좋다. 인·적성 시험은 생각보다 친절하지 않다. 쉬운 문제를 앞에다 배치하고 뒤로 갈수록 어려워지는 패턴 같은 것이 없다. 그래서 쉬운 문제들을 찾아서 먼저 풀어야 한다. 뒷장에서도 설명하겠지만 영역마다 시간을 단축할 수 있는 유형의 문제가 있다. 대표적으로 국어 영역에서는 글의 구조를 묻는 문제가 있고, 추리 영역에서는 언어 추리 문제가 있다. 이 문제들을 최우선으로 공략한 후 남은 시간을 나머지 문제에 집중하면 된다.

시간 관리 규칙 2 : 보기 다 안 읽기

두 번째 규칙은 '보기 다 안 읽기'이다. 생각보다 많은 취업 준비생이 이 규칙을 지키지 않는 것 같다. 특히 긴장을 많이 하는 사람들이 그렇다. 잘 풀어야 한다는 압박을 느껴서 1번이 답인데도 굳이 5번까지 다 읽고 난 후 1번이 답이라는 것을 확신한다. 물론 인·적성 시험을 준비할 때나 교재 연습문제를 풀 때는 정말 좋은 습관이다. 최대한 다양한 유형의 보기를 읽어봄으로써 새로운 문제에 대면했을 때 당황하지 않고 풀어낼 수 있기 때문이다. 그런데 그것은 공부할 때만 해당하는 이야기다. 실제 인·적성 시험이라면 절대 주어진 보기를 다 읽어선 안 된다. 특히 시간이 꽤 걸리는 문제를 풀 때 그렇다.

자료 해석 문제를 풀고 있다고 생각해보자. 자료 해석 문제는 자료와 보기를 계속 번갈아 보면서 풀어야 하므로 시간이 오래 걸리는 유형이다. 연습문제를 많이 풀어보고 감을 익히면 자료를 읽는 시간이 조금 줄어들 수 있다. 하지만 그것만으로는 부족하다.

그래서 시간을 최대한 절약하는 방법이 정답이 나오면 검토하지 않고 바로 다음 문제로 넘어가는 것이다. 1번 보기를 읽었는데 정말 운이 좋아서 1번이 답이었다면 그 아래 보기는 읽을 필요가 없다. 그것이 정답이라고 확신하고 다음 문제로 넘어간다. 내가 '운이 좋아서 1번'이라고 말했지만, 사실 1번이나 2번 같이 초반에 답이 나오는 문제는 총 15문제 기준으로 무조건 서너 문제가 있다. 인·적성 시험 문제를 내는 출제자도 4번이나 5번 같은 뒷번호만 답으로 하면, 응시자들이 뒤의 보기부터 읽는 방식을 쓴다는 것을 알기 때문이다. 그래도 여전히 뒷번호가 답인 경우가 좀 더 많으니, 거꾸로 5번부터 읽고 정답이 나오면 바로 다음 문제로 넘어가는 전략도 괜찮다.

시간 관리 규칙 3 : 빠르게 푸는 요령 정확히 이해하기

마지막 규칙은 '빠르게 푸는 요령 정확히 이해하기'이다. 예전에 인·적성 시험을 처음 준비할 때 그랬던 것처럼, 문제를 푸는 양으로 승부 보는 사람들이 있다. 최대한 많이 풀어보고 연습하는 것은 좋다. 그런데 한 가지 주의할 점이 있다. 비효율적인 방법으로 문제를 풀고 있다면, 아무리 문제를 많이 풀어도 시간을 단축할 수 없다는 것이다.

(비효율적인) 정석 풀이 말고 빠른 풀이법을 알고 있다면 한 문제당 20초는 단축할 수 있다. 인·적성 시험에서 20초는 꽤 긴 시간이다. 한 문제당 1분 이내에 풀어야 하는데 20초 이상 단축한다는 것은, 어려운 유형의 문제에 시간을 더 많이 쓸 수 있다는 뜻이다.

내가 예시로 든 글의 구조 문제만이 아니다. 추리 영역에서 언어 추리 문제, 시각적 사고 영역에서 전개도 문제, 종이접기 문제 등 많은 유형에서 문제 푸는 시간을 단축할 수 있다. 흔히 알려진 정석 풀이보다 빠르게 문제를 공략할 수 있는 풀이법을 익히는 것이 더 유익하고 효율적이다.

결론

정리하자면, 인·적성 검사의 핵심은 '주어진 시간 안에 효율적으로 문제를 많이 푸는 것'이다. 자신의 잘못된 습관과 풀이법을 과감히 버리고 위 핵심과 규칙을 꼭 기억해서 인·적성 시험 합격률 100%를 달성하기 바란다.

3
모든 기업 인·적성 시험 한 번에
끝내는 전략, '패턴화'와 '정답률'

인·적성 시험이 어렵게 느껴지는 이유

취업 업체에서 인·적성 시험을 준비할 때 어떤 점이 어려운지에 대해 설문조사를 했다. 어렵다고 느끼는 이유 1위는 '기업별 검사 유형이나 평가 기준이 달라서'였다.

취업 준비를 하면 느끼겠지만 대기업이 생각보다 많다. 그만큼 인·적성 시험도 다양하다. 회사마다 출제하는 영역, 문제 유형이 조금씩 다를 수밖에 없다. 그리고 회사마다 채점에 비중을 두는 영역, 평가 기준이 조금씩 다르다. 취업 준비생 처지에서는 골치 아플 수밖에 없다. 회사마다 인·적성 시험을 일일이 준비해야 한다는 생각이 들기 때문이다.

그런데 현실적으로 취업 준비를 오래 경험한 사람이 아닌 이상, 주어진 시간 내에 지원한 기업마다 다 맞춤으로 준비하는 것은 정말 힘든 일이다. 시간이 많이 들고, 교재 구매 비용도 생각보다 많이 나간다. 결정적으로 앞장에서 말했던 시간 관리 세 가지 규칙을 지키지 않으면, 아무리 많이 연습하고 풀어도 점수가 오르지 않는다. 인·적성 시험은 시간을 투자한 만큼 성과를 볼 수 있지만, 그 전제 조건은 요령 있게 푸는 방법을 잘 체득해야 한다는 것이다.

모든 인·적성 시험 한 번에 끝내는 전략 1 : 패턴화

결국 모든 기업의 인·적성 시험에 효율적으로 대비하기 위해 영역별로 문제 유형을 패턴화할 필요가 있다. 어떤 유형이 나와도 준비한 패턴에서 벗어나지 않고 잘 풀 수 있도록 연습해야 한다. 기업 인·적성 시험이 아무리 다양하다 해도, 취업 준비생이 충분히 풀 수 있는 시험이라는 사실은 변하지 않는다. 인·적성 시험 출제자도 난이도를 무조건 높여서 낼 수 없고, 굳이 새로운 문제 유형을 만들어야 할 이유도 없다.

문제 유형 패턴화

모든 인·적성 시험을 통틀어서 영역별로 어떤 문제 유형이 나오는지를 아래 표로 정리해봤다. 상식 영역은 최근 없어지는 추세이므로 제외하겠다. 작년 LG를 마지막으로 우리나라 4대 대기업(삼성, 현대, SK, LG)은 상식 영역을 폐지했다.

언어 영역	독해 (비중 높은 것)	중심 내용 찾기, 세부 내용 찾기, 글 구조 배치, 빈칸 완성, 논지 전개, 보고서 수정, 비판/반론
	어법/어휘 (비중 낮은 것)	단어 관계, 단어 빈칸 완성
수리 영역	방정식/경우의 수 (비중 낮은 것)	거리/속력/시간, 소금물, 일의 양, 원가/정가, 경우의 수
	자료 해석 (비중 큰 것)	자료 이해, 빈칸 계산, 그래프 해석
추리 영역	언어 추리 (비중 큰 것)	명제 추리, 논리 추리
	수열 추리 (비중 작은 것)	수열/문자 배열로 빈칸 추리
	도식 추리/도형 추리 (비중 작은 것)	도식 추리, 도형 추리
공간 지각 영역	제일 비중 높은 것	전개도, 종이접기
	중간으로 높은 것	틀린 그림 찾기, 투상도
	비중이 적은 것	블록, 조각 조합

모든 인·적성 시험은 이름만 조금씩 다를 뿐 이렇게 네 가지 영역으로 나뉜다. 그리고 각 영역마다 나오는 문제 유형이 있다(표 오른쪽). 모든 인·적성 시험 문제는 이 유형에서 벗어나지 않는다. 그러므로 취업 준비생들은 위의 분류표를 기록해두는 것이 좋다.

내 실력을 객관적으로 파악하기

인·적성 시험에 어떤 유형이 나오는지 알았다면, 다음으로 할 일은 '모의고사 문제 풀어보기'이다. 본격적으로 시험 준비를 하기 전에 객관적으로 자신의 실력을 평가하는 것이다. 모든 유형의 문제를 다 접해봐야 하므로 GSAT, SKCT, LG way fit test 이렇게 세 가지, 그리고 여건이 된다면 KT 인·적성 모의고사까지 풀어보는 것을 추천한다. 모의고사 교재는 서점에서 팔고 있으니 구매하면 된다. 이렇게 네 가지 종류의 모의고사를 풀면 위의 표에서 제시된 모든 유형의 문제를 접할 수 있다.

이제부터가 중요하다. 다 풀고 나서 채점을 해보면 자신이 어떤 유형에서 틀리는지 파악할 수 있다. 그러면 틀린 문제가 어떤 문제 유형이고, 어떤 카테고리인지를 표시한다. 문제를 리스트업 해서 그중에 자신이 어렵게 느낀 것, 시간이 오래 걸린 것, 못 푼 것을 따로 뽑아낸다. 이렇게 하면 현재 개선해야 할 취약점을 알 수 있다.

모든 유형에는 빠르고 정확하게 푸는 공략법이 있다

이제 취약점을 공략해야 한다. 앞장에서 말했듯이 무조건 연습문제를 많이 푸는 것이 정답은 아니다. 모든 문제 유형마다 빠르고 정확하게 푸는 방법이 있다. 그 방법을 습관화해야 한다. 예를 들어, 공간 지각 영역의 투상도 문제를 투상도를 보지 않고도 20초 만에 풀 수 있는 풀이법이 있다. 수리 영역의 응용계산 문제를 풀 때는 유형마다 방정식을 세우는 공식이 있다. 오래 걸리는 정석 풀이 말고, 시간을 절약할 수 있는 풀이가 문제마다 있다.

모든 인·적성 시험 한 번에 끝내는 전략 2 : 정답률

사실 기업마다 평가 기준이 다르지만, 어떻게 평가하는지는 내부 인사담당자가 아닌 이상 정확히 알 수가 없다. 다만 많은 인·적성 시험을 보면서 한 가지 확신한 것이 있다. 바로 '정답률'이다. 문제를 많이 푸는 것도 중요하지만, 푼 것 중 얼마나 맞혔는지도 매우 중요하다. 그래서 이런 상황을 가정해볼 수 있다. 총 20문제 중 15문제밖에 못 풀었지만, 정답률이 100%인 A가 있다. 반면에 20문제를 다 풀었지만 15문제를 맞춰서 정답률이 75%인 B가 있다. 문제를 맞힌 개수만 보면 둘 다 같다. 하지만 더 좋은 점수를 받는 것은 A다. A는 정답률도 좋았기 때문이다.

내가 '정답률'이 중요한 지표임을 확신하게 된 데에는 같이 시험 본 응시생들의 시험 데이터를 알고 있기 때문이다. 내 주위 사람들은 인·적성 시험을 잘 푸는 편이었다. 그래서 못 푸는 문제 없이 항상 다 풀고 나왔다. 반면에 나는 영역마다 꼭 2~3문제를 못 풀었다. 특히 추리 영역은 심각할 때 6문제밖에 못 푼 적도 있다. 그런데도 다 합격했다. 나는 다른 친구들보다 속도는 약간 느려도 정확도 만큼은 자신 있었다. 다 풀지 못했어도 좋은 정답률로 인·적성 시험을 공략할 수 있었다.

정답률을 높이는 방법

정답률을 높이는 아주 좋은 방법이 있다. 앞장에서 말한 시간 관리 규칙 세 가지다.

①쉬운 문제 위주로 먼저 풀면 순서대로 문제 푸는 응시생보다 더 많이 맞힐 수 있다.

②보기를 5번까지 다 읽지 않고 정답을 고른 후 바로 넘어가면 시간을 절약할 수 있다. 절약한 시간으로 쉬운 문제 하나를 더 풀

수 있다.

③빠른 풀이 요령을 잘 체득하면 빠르고 정확하게 풀 수 있고, 절약한 시간으로 쉬운 문제를 더 풀 수 있다.

결론

이번 장에서 내가 강조하고 싶은 것은 두 가지다.

첫째, 자신에게 취약한 문제 유형을 정리하고 각각의 유형에 맞는 빠른 풀이법을 익혀야 한다. (패턴화)

둘째, 시간 관리 규칙을 충분히 활용해 정답률을 높여야 한다. 실수 없이 빠르고 정확하게 푸는 것이 핵심이다. (정답률)

이 두 가지를 지킨다면, 어떤 기업의 인·적성 시험이든 다 유연하게 대처할 수 있다.

마지막으로 한 가지 추천하고 싶은 교재가 있다.《해커스 대기업인·적성 검사》이다. 취업 준비를 할 때 나는 이 책을 많이 활용했다. 이 한 권으로 '빠른 풀이 요령'을 익히고 최대한 연습할 수 있었다. 책이 두껍고 문제가 많이 있으므로, 이 교재 한 권에 자신이 가고 싶은 기업의 인·적성 교재 하나 정도를 더하면 완벽하게 준비할 수 있을 것이다.

4
국어 영역
부수기

국어 영역 - 문제 유형별 풀이법

국어 영역은 크게 두 가지로 나눌 수 있다. 독해와 어법/어휘이다. 어법/어휘는 어렵지 않고 출제 문제 수도 적다. 그러므로 독해에 집중해야 한다. (만약 어법/어휘를 공부해야 한다면, 해커스나 위포트 교재를 살 때 같이 묶인 작은 어법/어휘집을 활용하자. 이것으로 자신이 잘 모르는 생소한 단어를 암기하면 좋다.)

독해 유형을 파악하기 전에 한 가지 당부하고 싶은 것이 있다. 문제 유형을 파고들며 공부하기 전에 글 읽는 속도를 높이는 연습부터 해야 한다. 보통 책을 규칙적으로 읽다 보면 글 읽는 속도가 조금씩 향상된다. 시사 상식 책을 매일 10쪽 정도 읽으면 시험 지문 읽기가 더 수월하다. 내가 취업을 준비할 때 글 읽는 감을 유지하기 위해 읽었던 책이 있다.《세상에서 가장 짧은 교양수업 365》이다. 장르별로

상식을 정리해 놓은 책이다. 글 읽는 속도가 개선되고 상식도 쌓을
수 있어서 실제 시험 지문을 읽을 때 도움이 되었다. 그런데도 읽는
속도가 늘지 않는다면 '독해 포스' 사이트 들어가서 독해 프로그램
을 신청하고 수강하는 것을 추천한다.

독해에는 일곱 가지 유형이 있다.

①중심 내용 찾기

②세부 내용 찾기

③글의 구조

④빈칸 완성

⑤논지 전개

⑥개요/보고서 수정하기

⑦비판/반론하기

하지만 실제 시험에서 유형을 푸는 순서는 다르다.

③글의 구조 ⑤논지 전개

⇒ ⑦비판/반론하기

⇒ ①중심 내용 찾기

⇒ ④빈칸 완성

⇒ ⑥개요/보고서 수정하기

⇒ ②세부 내용 찾기

왜 이 순서인지 유형별로 하나씩 알아보자.

중심 내용 찾기

첫 번째 유형 '중심 내용 찾기'는 글 읽는 속도가 빠를수록 유리한 유형이다. 반 정도의 문제는 앞의 세 문장과 뒤의 세 문장을 읽으면 '보기'에서 답을 찾을 수 있다. 그런데 나머지 반 정도의 문제는 지문을 모두 읽어서 대략 흐름을 파악해야 할 때가 있다.

일단 '제목'을 고르거나 '중심 내용'을 묻는 문제는 첫 세 문장을 읽는다. 세 문장 뒤에 '예를 들어', '특히'와 같은 낱말이 나오거나 '예시'를 암시하는 내용이 나오면 바로 뒤로 넘어가 마지막 세 문장을 읽는다. 그런데 '하지만'이나 '그러나'와 같은 역접 접속사가 붙은 문장이면 계속 세 문장을 더 읽는다. 읽는 중에 '예를 들어'가 나오면 마지막 세 문장으로 넘어가면 된다.

이런 식으로 읽어야 할 문장을 최대한 줄이는 것이 관건이다. 거의 모든 회사의 인·적성 시험에서 나오는 문제 유형이므로 50초~1분에 한 문제를 풀 때까지 충분히 연습하는 것이 좋다. 아래 예시를 풀어보자.

[중심 내용 찾기]
글의 중심 내용을 고르세요.

〈지문〉

재테크의 핵심은 돈을 불려서 큰돈으로 만드는 것입니다. 재테크를 통해 돈을 크게 늘려 부자가 되고 싶다면, 기본적인 원금이 커야 합니다. 그런데 사회초년생이라면 이제 막 돈을 모으기 시작했으니, 저축한 돈이 많지 않은 것이 당연합니다. 그래서 많은 전문가가 제시하는 것이, '사회초년생 1억 모으기'입니다. 하지만 사회초년생에게는 1억을 모으는 것도 매우 어려운 일입니다. 어떠한 경우를 가정해도, 사회초년생이 1억을 모으려면 최소 5년은 걸릴 정도로 어렵습니다.

가정을 해봅시다. 5년의 시간이 주어졌다고 합시다. 5년이면 60개월 치 월급을 받습니다. 1억을 60으로 나누면 167만 원이 됩니다. 즉 1달에 167만 원씩 저축해야 합니다. 한 달 지출은 보수적으로 잡아서 50만 원 정도 나간다고 합시다. 그러면 167+50=실수령액 217만 원을 매달 월급으로 받아야 합니다. 실수령액으로 217만 원을 받으려면, 연봉(성과급 포함)이 2,900만 원이어야 합니다. "나는 2,900보다 연봉이 더 많으니 5년이면 충분히 되겠네!"라고 생각하실 수 있습니다. 하지만 주의해야 할 점은 한 달 지출을 50만 원으로 가정했다는 것입니다. 사실 고정비, 식비, 보험비 등을 모두 고려하면 지출을 100만 원은 잡아야 합니다. 즉, 5년 안에 1억을 모아야 하는 난이도가 더욱 올라갑니다.

요즘 유튜브에서 많은 사람이 너무 쉽게 1억을 이야기하는 것 같습니다. 익명에 기대어 허위 정보를 퍼뜨리는 사람들이 많습니다. 하지만 사회초년생이 1억을 모으는 것은 절대 쉽지 않습니다. 최소 5년의 시간이 필요하며, 이 5년의 시간 동안 정말 아껴 쓰고 저축해야 가능합니다.

〈보기〉

1. 1억을 모으는 것에 대해 쉽게 말하는 사람들은 어디를 가나 있다.
2. 1억을 모으려면 돈을 무조건 많이 벌면 된다.
3. 5년이면 충분히 1억을 모을 수 있다.
4. 재테크를 열심히 해서 큰돈을 만들어야 한다.
5. 사회초년생에게 1억을 모으는 것은 시간이 많이 들고, 매우 힘든 일이다.

위 지문의 첫 세 문장을 읽어보면 중간에 '그런데'라는 역접 접속사가 나온 것을 알 수 있다. 그러면 추가로 세 문장을 더 읽어야 한다. 세 문장 중 중요한 내용에 밑줄을 친다. 다음 세 문장에서는 '하지만'이라는 역접 접속사가 있으니 추가로 세 문장을 더 읽는다. 그런데 바로 다음 문단의 시작이 '가정을 해봅시다'로 시작하는 예시를 드는 문장이다. 곧 중요한 내용이 아니다. 마지막 문단의 세 문장으로 이동한다. 맨 마지막 두 번째 문장에 주제가 나온다. 이것이 곧 중심 내용이 된다. 그래서 정답은 5번이다. 이런 식으로 읽어야 할 문장 수를 최대한 줄여야 한다.

세부 내용 찾기

두 번째 유형인 '세부 내용 찾기'는 어쩔 수 없이 지문을 다 읽어야 하는 골치 아픈 유형이다. 보통 문제가 '중심 내용과 일치하는 또는 일치하지 않는 것을 고르시오'로 나온다. 보기와 지문을 하나하나 비교해야 하니 지문을 다 읽을 수밖에 없다.

'보기'를 먼저 보고 '보기' 내용을 지문에서 찾으면서 소거하는 전략을 쓰라고 하는 사람이 꽤 있다. 그런데 나는 이 방법은 좋지 않다고 생각한다. 내가 이 방법을 썼을 때 오히려 시간이 걸렸다. 지문을 어디까지 읽었는지 까먹는 사태가 발생할 수도 있다.

그래서 이 유형은 정직하게 지문을 다 읽으면서 풀어야 한다. 중요한 키워드는 동그라미를 치고, 역접 접속사에 세모를 표시하고, 핵심 문장에 밑줄을 긋는다. 다 읽고 나서 '보기'를 볼 때 이 표시한 부분을 위주로 살펴보면 된다.

'세부 내용 찾기' 유형에는 골치 아픈 문제 예시가 하나 더 있다. '글을 통해 추론한 내용으로 옳지 않은 것'을 찾는 것이다. 일치/불일치 문제보다 난이도를 높여서 '보기'를 조금 변형한다. 이 문제 역시 지문을 다 읽어야 한다.

일치/불일치와 추론 문제, 다시 말해 '세부 내용 찾기' 유형은 국어 영역 맨 마지막에 푸는 유형이다. 보통 '중심 내용 찾기' 유형과 함께 국어 영역 시험에서 앞에 나오는 편이지만 절대 순서대로 풀면 안 된다. '중심 내용 찾기' 유형을 푼 후 '세부 내용 찾기' 유형을 건너뛰고 다음 유형으로 간다. 다른 문제를 다 풀고 나서 시간이 남으면 '세부 내용 찾기'로 돌아온다.

글의 구조 파악하기

세 번째 유형은 '글의 구조 파악하기'이다. 이 유형에는 여러 예시 문제가 있다.

1번 예시 - 두 지문의 관계 파악

1번 예시는 짧은 두 지문 사이의 관계를 파악하는 문제다. 서로 보완하는 관계인지, 반대 주장을 하는 관계인지 파악해야 한다. 이 문제에서 첫째 지문은 다 읽고, 둘째 지문은 반 정도만 읽으면 된다. 그리고 '보기'로 넘어가서 답을 점검한다.

2번 예시 - 문단 배열

2번 예시의 문제를 보자.

[글의 구조 파악하기]
적절하게 배열한 것은?
〈지문〉
미래에는 4차 산업혁명 기술을 선도하는 기업이 가치를 인정받으며 성장할 것입니다. 그중 제일 기대를 받는 기업은 5G 기술을 보유하고 있는 기업들입니다. 그러면 어떤 산업군의 회사들이 5G 기술로 혜택을 보는지에 대해 알아봅시다.

(가) 불과 5년 전과 비교해도, 현재 E-SPORTS 산업의 시장 규

모는 3배가 넘게 커졌습니다. 사람들이 얼마나 게임, E-SPORTS
에 더 관심을 가지고 열광을 하는지 명확하게 알 수 있습니다.

(나) 5G 기술로 제일 큰 수혜를 보는 기업은 E-SPORTS 및 게임
산업군의 기업들입니다. 5G 기술로 인해 통신 속도가 매우 빨라
지면, 급격한 성장을 할 것으로 예상합니다. 통신 속도가 빨라지
는 것이 게임 산업에서 왜 중요할까요?

(다) 그래서 많은 게임 회사들이 최근 출시하고 있는 게임들도
모두 사람들과 협동할 수 있는 게임을 개발하고 있습니다. 그리
고 그만큼 새로운 게임에 대한 사람들의 수요도 계속 증가하고
있습니다. 그것을 증명하는 것이 바로 시장 규모 통계입니다.

(라) 최근에 개발되는 게임들은 모두 게임 사양이 고도화되고 있
습니다. 그만큼 컴퓨터 하드웨어와 통신 속도에도 고스펙의 성
능을 요구합니다. 그래서 통신 속도는 게임의 중요한 요소입니
다. 특히 꾸준히 많은 인기를 끌고 있는 게임들은 모두 혼자하는
게임이 아니라, 다른 사람들과 같이 협동해서 하는 게임입니다.

〈보기〉

1. (카) - (다) - (나) - (라)

2. (카) - (나) - (다) - (라)

3. (나) - (다) - (라) - (가)

4. (나) - (라) - (다) - (가)

5. (나) - (가) - (다) - (라)

2번 예시는 지문의 1문단을 주고 이 지문의 뒤를 잇는 문단을 배열하는 문제다. 이 문제가 제일 쉬워서 시간을 절약할 수 있다.

주어진 지문을 빠르게 읽은 후 '보기'로 넘어간다. '보기'에서 다수를 차지하는 문단이 시작점 후보다. 1번부터 5번 보기가 가/가/나/나/나로 시작했다. 그러면 '나'가 답일 확률이 높다. 주어진 지문이랑 '나' 문단이 자연스럽게 이어지는지 본다. 이런 식으로 각 후보 문단의 첫 문장과 '보기' 후보를 보면서 다음에 이어질 문단을 고른다.

'나'와 지문이 자연스럽게 이어진 것을 확인했으니 '보기'에서 두 번째를 확인한다. '다','라','가' 모두 다 다르게 나왔다. 두 번째만 맞추면 정답이 나온다. '나'의 마지막 문장은 통신 속도가 빨라지는 것에 관한 내용이다. '가'와 '다'는 협동하는 게임, 시장 규모에 관해 얘기한다. '가','다','라' 중 '라'에만 통신 속도와 관련된 키워드가 나와 있다. 그러므로 '라'가 먼저 와야 한다. 따라서 4번이 정답이다.

참고로 '보기'에서 오답은 바로바로 지운다. 이 예시 문제 유형은 40초 이내에 풀어야 한다.

3번 예시 - 문단 배열(첫 지문×)

3번 예시는 문단을 배열하는 문제인데, 첫 지문을 주지 않는 형태다. 그래도 풀이 방법은 2번 예시와 같다. 지문이 없으니 바로 '보기'로 넘어간다. '보기'에서 다수를 차지한 후보 문단을 먼저 살펴본다. 그 후보 문단과 이어질 다음 문단 역시 남은 보기에서 찾으면 된다.

빈칸 완성

네 번째 유형은 '빈칸 완성'이다. 쉬운 빈칸 문제가 있고 난이도 있는 빈칸 문제가 있다.

1번 예시 - 빈칸에 들어갈 문장 순서대로 고르기

1번 예시는 지문에 빈칸이 2~3개 있고, 넣어야 할 문장도 같은 수로 있다. 그 빈칸에 어떤 문장이 들어가야 하는지 연결만 하면 되는 문제다. 예시 문제를 보자.

[빈칸 완성]

A~D에 들어갈 문장을 순서대로 고르세요.

〈지문〉

핀테크는 우리 일상생활에 많은 편리함을 가져왔습니다. 예전에는 은행에 가서 모든 일을 해결해야 했지만, 이제는 그럴 필요가 없습니다. 모바일 앱 하나로 어떤 일이든 해결할 수 있기 때문입니다. 핀테크가 제공하는 서비스는 다양하게 있습니다. 그중 대표적인 기능을 소개하겠습니다. 첫째는 신용관리입니다. (A) 하지만 이제는 그럴 필요가 없어졌습니다. 핀테크 앱 서비스 하나만 설치하면 나의 금융 관련 개인 정보가 모두 한곳에 통합되고, 쉽게 관리할 수 있습니다. 그리고 심지어 버튼 하나만 누르면, 나의 신용등급을 올릴 수 있는 납부 내역을 자동으로 신용평가기관에 제출도 해줍니다. (B)

둘째는 카드 추천입니다. 핀테크 앱 서비스에 나의 금융 정보를 등록 설정해놓으면, 내가 쓰는 카드 정보도 자동으로 등록이 됩니다. 핀테크 앱은 자체적인 분석 알고리즘을 통해, 해당 소비자에게는 어떤 신용카드가 제일 적절한지를 추천해줍니다. (C) 예를 들어 내가 통신비와 교통비가 많이 나가는 사람이라면, 통신비와 교통비 할인이 많이 되는 신용카드를 추천해줍니다.

핀테크는 우리에게 이 두 가지 서비스뿐만 아니라 다양한 편리함을 제공하고 있습니다. (D) 우리가 많이 쓰는 카카오페이 송금은 간편 송금 서비스이고, 삼성 페이는 간편 결제 서비스입니다.

(가) 간편 결제, 간편 송금 역시 핀테크 기술이 적용된 서비스입니다.

(나) 참고로 납부 내역 제출은 6개월에 한 번씩 할 수 있으니, 신중하게 판단하시고 제출하시기 바랍니다.

(다) 핀테크가 발전하기 이전에는 신용관리를 하기 위해 카드사 홈페이지, 은행 홈페이지 등 개별적으로 들어가서 연체한 요금은 없는지 주기적으로 확인을 해야 했습니다.

(라) 보통은 내 소비 내역을 기준으로 제일 할인 혜택을 많이 받을 수 있는 카드로 추천을 해줍니다.

〈보기〉

1. (다) - (나) - (라) - (가)

2. (다) - (가) - (나) - (라)

3. (나) - (라) - (가) - (다)

4. (나) - (가) - (다) - (라)

5. (가) - (다) - (나) - (라)

다 읽을 필요가 없다. 빈 곳의 앞 문장과 뒤 문장만 읽어주고 자연스럽게 연결되는 문장을 골라주기만 하면 된다. 풀이를 해보겠다.

'보기'부터 보면 (다)가 2개, (나)가 2개, (가)가 1개다. 그러면 (가)는 정답이 아니다. 5번을 지운다. 이제 (나)와 (다)를 비교한다. (A) 문항의 앞 문장을 보면 (A)에는 반드시 신용관리라는 단어가 들어가야 한다. '가'부터 '라'까지를 보면 (다)만 신용관리에 관해 이야기하고 있다. 그래서 (나)보다 (다)가 어울린다.

'보기'가 2개 남았다. (가)의 간편 결제에 관한 내용은 (B)에 들어가기에 부적절하다. 간편 결제를 글의 맨 뒤에서 언급하기 때문이다. 그래서 (나)가 더 어울린다. 따라서 1번 '보기'가 정답이다. 이 유형에서도 시간을 절약해야 한다. 이 예시 문제는 30초 이내에 끝내야 한다.

2번 예시 - 빈칸에 들어갈 문장 추론하기

2번 예시는 마지막 문단 즈음에 빈칸이 있고, 여기 들어갈 문장 하나를 '보기'에서 찾는 문제 유형이다. 수능 영어 빈칸 완성을 떠올리면 된다. 이 예시는 어렵다. 지문이 짧으면 괜찮은데 보통 그렇지 않다. 까다로울 확률이 높으므로 '세부 내용 찾기' 유형과 함께 맨 나중에 풀 문제다.

논지 전개

다섯 번째 유형은 '논지 전개'이다. 유형은 딱 하나다. '이 글의 서술상 특징은? 이 유형도 다 읽긴 해야 하는데 지문이 짧게 나오는 편이다. 그래서 '세부 내용 찾기'와 달리 전혀 부담이 가지 않는다. 이 문제도 40초 이내에 푸는 것이 좋다. 문제 예시는 이렇다.

[논지 전개]
이 글의 논지 전개 방식으로 알맞은 것은?
〈지문〉

TDF 펀드는 TARGET DATE FUND의 줄임말입니다. 이 펀드를 해석하면 가입자(TARGET)의 나이 및 생애주기(DATE)에 맞춰서 자산을 배분하고 밸런싱하는 연금 펀드(FUND)입니다. 예를 들어 젊은 나이의 가입자라면 주식을 많이 담아서 공격적으로 투자하고, 반대로 퇴직을 준비하는 50대 이상이라면 위험 자산 비중을 줄이고 채권과 같은 안전자산 위주로 투자를 하는 펀드입니다. TDF 펀드는 다양한 나라에 투자합니다. 그리고 동시에 하나의 상품만 투자하지도 않습니다. 주식에만 투자하거나 채권에만 투자하지도 않습니다. 주식, 부동산, 채권 골고루 투자합니다. 그러다 보니 자연스럽게 포트폴리오가 분산되는 효과가 있습니다. 게

다가 나이가 들어감에 따라 안전자산을 늘려가는 쪽으로 자동으로 리밸런싱을 해주니, 걱정 없이 자산이 늘어나는 것을 지켜보면 됩니다. 그리고 연금저축 펀드이므로 세액공제 혜택을 받을 수 있습니다. 연 납입 금액 중 400만 원에 대해서는 세액공제를 받을 수 있습니다.

〈보기〉

1. 특징이 다른 두 대상을 비교하며 설명하고 있다.
2. 기존의 통념과 반대되는 견해를 제시하며 비판하고 있다.
3. 다양한 의견을 종합해 하나의 결론을 제시하고 있다.
4. 가설을 세운 후, 과정을 설명하며 검증해나가고 있다.
5. 핵심 개념에 대한 정의를 제시한 후, 개념에 대한 설명을 이어나가고 있다.

이 유형의 대부분은 친절하게도 첫 문장에 중심 소재를 언급하는 것이다. 구체적인 내용을 묻는 것이 아니므로, 꼼꼼하게 읽을 필요 없이 술술 읽어나가면 된다. 그리고 '보기'를 보자. TDF 펀드에 관해서만 이야기하므로 1번 '보기'는 틀렸다. 기존의 통념을 제시하지 않고 비판도 하지 않으므로 2번 '보기'도 틀렸다. 같은 방식으로 3, 4번도 답이 될 수 없다. 5번을 보자. 이 문제의 첫 문단에서 핵심 소재에 대한 정의로 시작했다. 그래서 답은 5번이다.

개요/보고서 수정하기

여섯 번째 유형은 '개요/보고서 수정하기'이다. 어떤 주제에 관해 개요가 하나 나온다. 수정해야 하는데 적절하지 않은 '보기'를 고르는 것이다. 이것 역시 개요를 다 읽을 필요가 없다. 바로 '보기'로 간다. '보기'를 보고 '개요'에서 해당하는 부분만 보면 된다. 이 문제의 경우 한 문제당 50초 이내에 푸는 것이 적절하다.

[개요/보고서 수정하기]

글의 내용 전개상 개요를 수정하고자 할 때 적절하지 않은 것은?

〈지문〉

주제 : 해결책을 진지하게 논의해보아야 할 청년 실업률 증가

서론 : 청년의 범위와 청년 실업률의 정의

본론 :

1. 청년 실업률의 (   )

  가. 실업률의 최근 5년간 변화

  나. 청년 실업률의 최근 5년간 변화

  다. 청년 취업 후 평균 재직 기간

2. 노년 실업률이 증가한 이유

  가. 양질의 일자리 채용 규모의 지속적 감소

  나. 최근 코로나 사태로 인한 경기 침체

3. 청년 실업률 증가로 인한 문제점

가. 청년 대상 정부 지원금의 지속적 고갈

나. 똑똑한 젊은 인력이 실력, 경험을 쌓을 수 있는 근무 환경 부족

다. 결혼하지 않는 사람들의 증가

4. 청년 실업률 증가 문제 해결 방안

가. 실업 청년을 지원해주는 기부금 후원 사이트 개설

나. 정부 지원 하 기업과 연계한 교육 & 인턴 과정 프로그램 개설

다. 결혼 중개 커뮤니티 개설

결론 : 청년 실업률 증가에 따른 문제를 해결해야 함

〈보기〉

1. '서론'에 청년 실업률이 무슨 뜻인지, 실업률과 구분하여 설명한다.

2. '본론 1'의 빈칸에는 '청년 실업률의 증가를 뒷받침하는 통계자료'라고 한다.

3. '본론 2'의 제목을 '노년' 실업률이 아니라 '청년' 실업률로 바꾼다.

4. '본론 3'에서 제시한 문제점과 '본론 4'의 해결 방안이 1대1로 대응될 수 있도록 '본론 3-가'와 '본론 3-나'의 위치를 바꾼다.

5. '본론 4-다'는 적절한 문제 해결 방안이 아니므로 없앤다.

지문을 먼저 읽지 않고 바로 '보기'로 넘어간다. 1번부터 차례대로 지문과 비교해가면서 '보기'를 지워나가면 된다. 이 문제의 경우 4번 '보기'를 보면 1 대 1로 대응하도록 '본론 3-가'와 '본론 3-나'의 위치를 바꾸라고 한다. 그런데 현재 대응하는 '본론 3-가'와 '본론 4-가'를 보니 이미 1 대 1 대응이 잘 되어 있다. '본론 3-나'와 '본론 4-나'도 마찬가지다. 위치를 바꿀 필요가 없다. 그래서 4번이 틀렸다.

비판/반론하기

마지막 유형은 '비판/반론하기'이다. 이 유형 역시 쉽다. 지문이 짧다. 그래서 빠르게 읽고 '보기'에서 지문과 반대되는 내용만 찾아주면 된다. 아래 문제와 풀이를 보자.

[비판/반론하기]
다음 글에 대한 비판으로 가장 적절한 것은?
⟨지문⟩

모든 재테크의 기본은 저축입니다. 돈의 낭비를 줄이고, 투자할 자금을 늘려나가는 것입니다. 월급을 받은 후 소비하는 금액이 적어야 그만큼 투자할 수 있는 돈의 여력도 늘어납니다. 만약 250만 원을 벌었는데 이것저것 쓰다 보니 200만 원을 써버렸다면, 저축할 수 있는 돈의 여력이 50만 원밖에 안 되는 것입니다. 돈을 적게 저축할수록 늘어나는 돈의 속도는 하염없이 느려집니다. 100만 원씩 저축한 사람과 50만 원씩 저축한 사람의 자산 차이는 시간이 지날수록 매우 커집니다. 그래서 우리는 소비를 줄일 필요가 있습니다. 매일 저녁 친구와 약속을 잡고 술을 마시면, 우리가 모르는 새에 돈은 계속 새어나갈 것입니다. 빈번한 온라인 쇼핑, 충동 구매는 반드시 고쳐야 할 소비 습관입니다. 습관적으로 커피를 사 먹는 습관도 저축에 방해가 됩니다. 예를 들어, 하루에 1잔씩 커피를 마셨다고 합시다. 보통 커피 체인점 기준으로 아메리카노가 4,000원입니다. 한 달로 환산하면 120,000원을 커피값으로 쓰는 것입니다.

〈보기〉

1. 충동 구매 및 빈번한 온라인 쇼핑은 나쁜 습관이므로 반드시 고쳐야 한다. ⇒ 옹호
2. 돈을 많이 저축할수록 자산의 속도가 빠르게 늘어난다. ⇒ 옹호
3. 돈을 많이 버는 사람은 소비를 많이 해도 저축하는 돈이 클 수밖에 없다. ⇒ 논점 없음
4. 소비를 줄이면 저축할 수 있는 돈이 많아진다. ⇒ 옹호
5. 소비 계획을 잘 짜고, 그 범주 안에서 약속을 잡거나 쇼핑을 한다면 문제 될 것이 없다.

지문에서 주장하는 바는 다음과 같다. "우리는 소비를 줄일 필요가 있고, 빈번한 소비는 반드시 고쳐야 하는 소비 습관이다." 그래서 이 주장에 반대되는 '보기'를 찾아주면 된다. '5번 보기'를 보면 지문

에 나온 키워드가 포함되어 있고, 빈번한 쇼핑과 약속은 고쳐야 할 습관이라는 지문의 주장과 반대된다. 그래서 답은 5번이다.

나머지 오답도 살펴보겠다. 1번 보기와 2번 보기, 4번 보기는 위의 지문을 비판하는 것이 아니라 옹호하는 글이다. 그래서 문제에서 요구하는 보기가 아니다. 3번 보기는 위 주장의 논점을 정면으로 반박하는 비판이 아니다.

이 유형은 문제당 30~40초 이내에 풀어야 한다. 문제가 어렵지 않고 지문도 짧으니 여기서 시간을 단축해야 한다. 그래서 7개 국어 영역 유형 중 세 번째에 있는 것이다.

그 외 유형

마지막으로 수능처럼 긴 지문이 나오고 두세 문제가 묶여 나오는 형태가 있다. 문제가 쉬우면 순서에 상관없이 푸는 것이 좋지만, 그렇게 하기가 대체로 어렵다. 그래서 그 세 문제 중에 어휘나 어법을 묻는 문제가 있다면 지문을 다 읽을 필요 없이 그 문제만 빠르게 풀면 된다. 나머지 문제는 '세부 내용 찾기' 유형을 다 푼 후 다시 돌아가면 된다.

결론

이제 어떤 유형에서 시간을 단축할 수 있는지 정리가 되어야 한다. '중심 내용 찾기'와 '세부 내용 찾기' 유형을 제외하고 나머지 모든 영역에서 시간을 절약해야 한다. 절약한 시간을 '세부 내용 찾기', '빈칸 완성 - 어려운 버전', '수능 유형' 순서로 쓴다. '중심 내용 찾기'는 1분에 한 문제만 풀어도 적당하고 시간을 더 줄이면 더욱 좋다.

　글 읽는 속도가 빠르고 중요 포인트를 체크하는 습관이 있으면 평소 하는 대로 계속하면 된다. 그렇지 않은 사람이라면 어떻게든 문제 푸는 시간을 줄여야 한다. 그래서 내가 유형별로 문제 푸는 법을 설명하면서 강조한 것이 '보기'다. '보기'를 최대한 활용하자. 특히 '글의 구조', '빈칸 완성 - 1번 예시(쉬운 버전)', '비판/반론' 이 세 가지 유형에서 시간을 많이 절약할 수 있다. 여기서만 시간을 줄여도 평소보다 두 문제는 더 풀 수 있다.

5
수리 영역
부수기

수리 영역에는 유형마다 일반화한 솔루션이 있다

수리 영역은 국어 영역과 함께 거의 모든 회사 인·적성 시험에서 필수로 들어간다. 취준생들이 은근히 까다로워하는 영역이다.

문제는 '시간 관리'다. 방정식을 세우는 응용계산 문제 유형에 익숙해지면 40초 이내에 한 문제를 풀 수 있다. 하지만 자료 해석 유형은 다르다. 한 문제를 푸는 데 생각보다 시간이 오래 걸린다. 나도 자료 해석이 익숙하지 않았을 때 2분에 한 문제를 풀었다. 정답률도 낮았다. 그래서 어떻게든 개선해야 했다. 문제 해설과 구글 검색을 참고하면서 풀이법을 연구했다. 그 결과 내게 잘 맞고 속도를 높일 방법을 터득할 수 있었다.

인·적성 시험, 특히 수리 영역을 공부할 때 제일 좋은 점이 바로 이것이다. 꼭 시간을 단축하기 위해 나만의 풀이법을 만들 필요는 없다. 그것은 어렵고 비효율적이다. 하지만 친절한 해설지나 강사들이 쉽고 빠른 풀이법을 다 공유하고 있다. 자신에게 제일 잘 맞는 풀이를 활용하기만 하면 된다.

나는 인·적성 시험에서 수리 영역을 제일 좋아한다. 유형마다 문제를 푸는 방법이 명확하기 때문이다. 소금물 문제는 어떻게 풀어야 하는지, 일의 양은 어떻게 계산하는지 등 문제마다 푸는 방법이 일반화되어 있다. 자료 해석에도 시간을 최대한 단축하는 방법이 있다.

수리 영역은 크게 '응용계산' 유형과 '자료 해석' 유형으로 나뉜다.

1. 응용계산

'응용계산' 유형은 방정식 문제를 푼다고 생각하면 된다. 그런데 문제가 나오는 형식이 약간 다르다. 총 4개의 예시를 보자.

1번 예시 - 거리/속력/시간 문제

1번 예시는 거리/속력/시간문제다. A라는 사람이 계속 일정한 속도로 목적지를 향해 가다가, 까먹은 것이 있어 B 지점에서 뒤돌아 집에 갔다가 다시 목적지를 간다. 그때 얼마나 이동했다가 집에 돌아왔는지 거리를 맞추는 유형의 문제다. 대부분의 문제가 이와 같은 형태로 나오고 간단하게 풀린다. '거리=속력×시간' 공식을 충분히 활용하면 된다. '시간=거리÷속력'으로 변형할 수도 있다.

[거리/속력/시간 문제]

A는 오전 10시 30분에 집에서 3km/h의 속력으로 PC방으로 걸어가서 3시간 동안 게임을 한 뒤, 집으로 6km/h의 속력으로 빠른 걸음으로 돌아왔다. 집에 도착해보니 오후 4시였다면, A의 집과 PC방 사이의 거리는 얼마인가?

   1. 4km   2. 4.25km   3. 4.5km

   4. 4.75km   5. 5km

[풀이]

총 소요 시간 : 오후 4시~오전 10시 30분 = 5시간 30분

게임 시간 : 3시간

실제 이동 시간 : 총 소요 시간 - 게임 시간 = 2시간 30분 = $\dfrac{5}{2}$

미지수 설정 : 집부터 PC방까지의 거리를 X라고 하자.

최종 방정식 : $\dfrac{X}{3} + \dfrac{X}{6} = \dfrac{X}{2}$ ($\dfrac{거리}{속력}$ = 시간)

결론 : X=5

답 : 5km(5번)

이렇게 집-PC방, PC방-집 이동 시간을 합한 것이 곧 전체 소요 시간과 같다고 방정식을 세우면 된다.

2번 예시 - 소금물 문제

2번 예시는 소금물 문제다. "농도 X% 소금물 Yg에 농도 A%인 소

금물을 넣어서 B% 소금물을 만들려 했는데, 농도가 C%가 되었다. 농도 A% 소금물을 넣은 양은?" 이런 형태로 나온다. 이것 역시 풀이가 명확하다. '농도=소금÷소금물' 공식을 이용한다.

[소금물 문제]

농도 5%의 소금물 500g이 들어있는 비커에 일정량의 소금을 추가한 뒤 200g의 물을 증발시켰다. 이후 농도 30%의 소금이 만들어졌다면, 추가한 소금은 몇 g인가?

   1. 65g   2. 70g   3. 75g

   4. 80g   5. 85g

대부분의 문제가 위와 같은 형태로 나온다. 난이도도 어렵지 않다. '농도=소금÷소금물' 공식만 기억하면 모든 문제를 풀 수 있다.

[풀이]

기존 비커의 소금 : 5%의 소금물 500g이므로 소금은 25g이다.

미지수 설정 : Xg의 소금을 추가했다고 하자.

조건 : 물 200g을 증발시켰으므로 300g의 소금물이 남았다.

최종 방정식 : $\dfrac{25+X}{300} = 0.3$ ($\dfrac{소금}{소금물} = 농도$)

결론 : X=65(1번)

문제에 나온 조건을 활용해, '왼쪽 농도=오른쪽 농도(보통 제시됨)'와 같다는 방정식을 세우면 된다.

3번 예시 - 작업량 문제

3번 예시는 작업량 문제다. "A와 B가 함께 진행하면 X일 만에 완료할 수 있는 프로젝트가 있다. 이 프로젝트를 A가 혼자 진행하면 Y일이 소요된다고 할 때, B가 혼자 진행하면 프로젝트 완료에 걸리는 기간은?" 이런 형태다. 예시 문제를 보자.

[작업량]

조 대리와 권 사원이 함께 진행하면 10일 만에 완료할 수 있는 프로젝트가 있다. 이 프로젝트를 조 대리가 혼자 진행하면 15일이 소요된다고 할 때, 권 사원이 혼자 진행하면 프로젝트 완료에 걸리는 기간은?

  1. 20일   2. 25일   3. 30일

  4. 35일   5. 40일

이렇게 A와 B 두 사람(또는 물통에 물을 넣는 호스 A, B로 나올 때도 있다)이 나오는 것이 일반적이다. 그래서 조건이 두 개이고, 두 개의 연립방정식을 풀어서 답을 내면 된다.

[풀이]

미지수 설정 : 조 대리와 권 사원이 각각 하루에 할 수 있는 일

단위 : X, Y

방정식 조건 1 : 10X + 10Y = 1(함께 일했을 때 10일 걸림)

방정식 조건 2 : 15X = 1(조 대리가 혼자 일하면 15일 걸림)

식이 두 개가 나왔으므로 연립방정식을 풀면 된다.

결론 : 권 사원이 혼자 프로젝트를 진행하면 30일이 걸린다.

답 : 30일(3번)

이 문제는 보통 쉬운 편인데, 가끔 어렵게 나올 때가 있다. Z라는 사람(또는 물을 빼는 Z 호스)이 추가되는 때가 있다. 그래서 연립방정식을 3개 세워야 할 때도 있다. 하지만 푸는 방식은 같으므로 걱정할 필요가 없다.

4번 예시 - 원가/정가/할인율 문제

4번 예시는 원가/정가/할인율 문제다.

"물건 A를 정가에서 X% 할인한 가격에 팔면 Y원 이익이 남고, A% 할인해서 팔면 B원을 손해 본다. 원가는 얼마일까?" 이런 형태다. 이 유형도 보통 방정식을 2개 세워서 연립하면 된다.

[원가/정가/할인율]

책을 정가에서 10% 할인한 가격에 팔면 1,000원 이익이 남고, 30% 할인해서 팔면 500원을 손해 본다. 원가는 얼마일까?

1. 6,000원   2. 5,750원   3. 5,500원

4. 5,250원   5. 5,000원

보통 정가와 원가의 가격이 조건에 등장하지 않고, 얼마를 할인하면 얼마의 이득을 본다는 조건을 제시하여 정가를 유추하도록 한다. 따라서 구한 정가를 활용해 원가를 구해야 한다. 풀이를 살펴보자.

[풀이]

미지수 지정 : 정가를 X, 원가를 Y라고 하겠습니다.

방정식 조건 1 : $0.9^*X-Y=1,000$

　　　　　　(10% 할인한 가격에 팔면 1000원 이익)

방정식 조건 2 : $0.7^*X-Y=-500$

　　　　　　(30% 할인한 가격에 팔면 500원 손해)

위 두 개의 방정식을 연립하면 된다.

결론 : $X=7,500$, $Y=5,750$

답 : 원가는 5,750원 (2번)

원가/정가/할인율 문제는 까다로울 때가 많다. 지금 보여준 예시는 단순한 편이다. 그래서 인·적성 시험 준비할 때 이 문제 예시는 많이 풀어보는 것이 좋다.

이렇게 네 가지 예시가 '응용계산' 유형에서 단골로 출제되는 유

형이다. 문제 형태가 조금씩 다르지만 결국 본질은 같다. 방정식을 정확하게 세우기만 하면 된다. 1, 2번 예시(거리/속력/시간, 소금물)는 이미 아는 두 공식을 적용하는 방법만 익히면 어떤 문제든 다 풀수 있다. 3, 4번 예시는 방정식을 두 개 세우는 습관을 들여야 풀 수있다.

'응용계산' 유형을 푸는 방법은 명확하게 정해져 있다. 일부러 난이도를 까다롭게 내지 않는 이상 무난하게 풀 수 있다. 다만 푸는 속도가 느려지지 않게 감을 유지해야 한다. 잘 풀더라도 매일 조금씩 풀어보는 습관을 들이자.

만약 실전에서 어려운 문제가 나온다면, 일단은 30초 정도 방정식을 세워보려고 노력한다. 그 시간 내에 식이 나오지 않았다면 과감하게 다음 문제로 넘어간다. 다음 문제를 다 풀고 나서 시간이 남으면 돌아온다. '응용계산'이 쉽다고 해도 실전 상황에서 긴장할 수도 있고, 어려운 문제가 섞여 있을 수도 있다. 왠지 막힐 것 같으면 1분 이상 붙잡고 늘어지지 말고 과감하게 다음 문제로 넘어간다.

'자료 해석' 풀 때 규칙 두 가지

이제 '자료 해석' 유형으로 넘어간다. 이 유형의 예시 문제로 세가지가 있다. 일반적으로 많이 나오는 유형이 '표' 2개와 '보기' 5개를 주고 "자료에 대한 설명으로 옳은 것/옳지 않은 것"을 고르는 형태다. 이 예시가 10문제 중 8문제 정도 비중을 차지한다. 이 패턴을 풀 때는 무조건 '보기'부터 본다. '보기'를 읽고 요구하는 내용만 표에서 찾아서 O/X를 파악하면 된다. 이 패턴을 풀 때 제일 중요한 규칙 두 가지를 머릿속에 기억해야 한다.

규칙 1 : 증가율/비율을 묻는 '보기'는 나중에 보기

첫 번째 규칙, '증가율' 또는 '몇 % 증가했다'라는 단어가 나오는 '보기'는 맨 나중에 본다. 다시 말해 까다로운 숫자/비율 계산을 해야 하는 보기는 제일 나중으로 미루고 다른 '보기'부터 본다. 사실 확인을 표에서 바로바로 확인할 수 있는 보기부터 먼저 본다. 예를 들어 '2016년 석탄 소비량은 전년 대비 증가했다'와 같은 '보기'는 아주 쉽게 확인할 수 있는 사실 '보기'다. 이렇게 특정 값을 확인하거나 값의 흐름만 확인하는 '보기'가 5개 중 3개다. 이 3개가 제일 먼저 읽어보아야 할 보기다. 그다음 봐야 하는 '보기'는 비교하는 '보기'다. 특정 값과 특정 값을 비교하거나 추세를 비교한다. 이것 역시 빠르게 확인할 수 있는 '보기'다. 마지막으로 보는 '보기'가 증가율 또는 비율을 파악하는 '보기'다. 이 '보기'를 항상 마지막에 봐야 한다는 점을 명심하자.

규칙 2 : '보기'를 다 볼 필요 없다

두 번째 규칙, '보기'를 다 볼 필요가 없다. 위에서 말한 첫 번째 규칙을 적용할 때 '보기'를 다 읽지도 않았는데 정답을 발견할 때가 있다. 예를 들어, 첫 번째 규칙대로 '사실 기반 보기'를 읽고 있다가 정답을 찾았다. 그러면 과감하게 정답 표시하고 다음 문제로 넘어간다.

절대 다음 '보기'를 보거나 검토하면 안 된다. 인·적성 시험에서 모든 '보기'를 점검하는 것은 불가능하다. 시간을 초 단위로 아껴야 한다. 1번부터 순서대로 보려고 했는데 1번부터 바로 답이 나오면 답을 표시하고 바로 다음 문제로 넘어가는 습관을 들이자.

자료 해석 문제 푸는 방법

위에서 언급한 두 가지 규칙을 적용하는 방식을 예시 문제를 통해 알아보자.

[자료 해석 문제]

아래는 식당 A의 2019년 하반기 메뉴별 판매 개수를 나타낸 자료이다. 주어진 자료를 참고해서, 보기 중 옳은 것을 고르세요.

〈표〉 식당 A의 2019년 하반기 메뉴별 판매 개수

(단위 : 개수)

구분	토마토 파스타	로제 파스타	크림 파스타	오일 파스타	기타	메뉴 합계	전년 동월 대비 증감률
7월	152	329	231	163	43	918	-5.4%
8월	403	253	241	153	52	1,102	3.7%
9월	263	316	252	143	23	997	-4.2%
10월	452	262	263	233	45	1,255	8.7%
11월	394	162	311	195	73	1,135	6.5%
12월	496	242	295	192	56	1,281	3.4%
총계	2,160	1,564	1,593	1,079	292	6,688	1.6%

〈보기〉

1. 2018년 7월의 메뉴 합계는 2018년 12월 메뉴 합계보다 크다.

2. 2019년 토마토 파스타 판매 개수는 매월 증가한다.

3. 2018년 하반기 중 음식이 제일 많이 팔린 달은 2018년 12월 이다.

4. 2019년 10월에 로제 파스타가 제일 많이 팔렸다.

5. 2019년 하반기 월평균 판매 개수는 1,200만 원을 넘는다.

문제가 주어지면 바로 '보기'로 넘어간다. 1번부터 보자. 비율/값 계산이니까 일단 넘어간다(첫 번째 규칙 적용). 2번을 보자. 흐름을 파악하는 것이므로 금방 확인할 수 있다. 월이 바뀔 때마다 증가와 감소를 반복했으므로 틀린 '보기'다. 바로 지운다. 3번을 보자. 비율/값 계산이니까 넘어간다(첫 번째 규칙 적용). 4번을 보자. 표에서 바로 확인할 수 있다. 10월에 토마토 파스타가 제일 많이 팔렸으므로 틀렸다. 지운다.

5번 '보기'도 비율/값 계산이므로 다시 1번 '보기'로 돌아온다. 비율/값 계산할 때는 정확한 수치까지 도출하려고 하지 말고, 대강 비슷하게 어림잡는 것이 효율적이다. 2019년 12월이 1,281이고 증감률이 3.4%이므로 2018년 12월은 어림잡아 1,200개라고 할 수 있다. 2019년 7월은 918이고 증감률이 −5.4%이므로 2018년 7월은 어림잡아 1,000개라고 할 수 있다. 이제 2018년 7월과 2018년 12월을 비교해보자. 2018년 12월은 1,200이고 2018년 7월은 1,000이므로

2018년 12월의 메뉴 합계가 더 크다. 그래서 1번 '보기'도 틀렸다.

3번 '보기'를 보자. 1번 '보기'에서 일단 두 개의 값은 구했다. 2018년 7월은 약 1,000개이고 2018년 12월은 약 1,200개다. 나머지 8월부터 11월을 보자. 숫자를 보면 1,000 근처에 모여 있는 것을 확인할 수 있다. 그래서 1%당 대략 10씩 증가하거나 빠진다고 생각하면 된다. 정확하게 구할 필요 없다. 대소 비교만 하면 되기 때문이다. 그러면 2018년 8월은 1,060이 되고, 2018년 9월은 1,040이 된다. 같은 방식으로 하면 2018년 10월은 1,160이고 2018년 11월은 1,070이 된다. 그래서 음식이 제일 많이 팔린 달은 2018년 12월이 된다. 그래서 3번이 정답이다. 답이 나왔으니 5번은 볼 필요 없다(두 번째 규칙 적용).

이 문제는 '보기'가 까다로운 문제다. 원래 값이나 추이를 바로 확인할 수 있는 쉬운 보기가 3개 나오고, 비율 계산을 요구하는 어려운 보기가 2개 정도 나온다. 그리고 값이나 추이를 확인하는 쉬운 보기 3개 중에서 답이 나올 수도 있다. 그러므로 앞에서 언급한 두 가지 규칙을 꼭 지키면서 자료 해석 문제를 풀어야 한다.

이처럼 제일 많이 나오는 자료 해석 예시 문제 외에 두 가지가 더 있다. 하나는 빈칸을 여러 개 놓고, 몇 가지 단서를 준 다음에 빈칸에 들어갈 값을 추정하는 문제다. 시간이 오래 걸린다. '응용계산' 유형을 다 풀고, '자료 해석' 유형의 첫 번째 예시 문제 패턴을 다 풀었는데 시간이 남았다면 그때 푸는 것을 추천한다. 나머지 하나는 숫자가 적힌 표를 보고 보기에서 올바른 그래프를 찾는 것이다. 이것은 '표' 내용이 단순할수록 시간이 적게 걸리므로 꼭 풀어야 한다.

2장_인·적성 시험 무조건 합격하는 법

난이도는 어렵지 않다. 표와 '보기' 그래프를 훑어보는 느낌으로도 답이 보인다.

결론

수리 영역은 다른 영역과 비교해서 솔루션이 가장 일반화한 영역이다. 그래서 연습하는 만큼 실력이 늘고 시간을 단축할 수 있다. 만약 '응용계산' 유형의 경우 아무리 연습해도 시간을 줄이기 어렵다고 하면 '보기'를 최대한 활용하는 꿈수도 있다. 문제에서 요구하는 답은 결국 '보기' 중에 있다. '보기'에 있는 값 하나를 잡아서 역으로 문제에 대입했을 때 이상이 없으면 그 '보기'가 정답이다. 이것은 급할 때만 사용하는 전략이다. 문제를 보고 방정식 세우기 어려울 것 같다 싶으면 이 전략을 사용해도 좋다.

6
추리 영역
부수기

취업 준비생들이 많이 지원하는 상위 10개 대기업 중 절반 이상이 추리 영역을 포함한다. 국어 영역에서 나오는 언어 추리까지 포함하면 사실상 기업 대부분이 추리 문제를 출제한다.

추리 영역은 시간 관리가 제일 까다로운 영역이다. 은근히 많은 문제가 빠르게 풀릴 듯하면서 안 풀린다. 한번 꼬이면 꽤 시간을 잡아먹는다. 그 결과 최대한 많은 문제를 풀 기회를 놓치게 된다. 그래서 추리 영역에서도 인·적성 시험 필수 규칙 세 가지가 동일하게 적용된다. 쉬운 문제를 먼저 골라서 빠르게 풀어내는 것이 핵심이다.

대기업의 추리 영역 출제 유형을 정리해보면 크게 다섯 가지로 나눌 수 있다.

①언어 추리, ②조건 추리, ③수열/문자 추리, ④도형 추리, ⑤도식 추리다. 그런데 이 다섯 가지 유형이 한 인·적성 시험에서 모두 나

2장_인·적성 시험 무조건 합격하는 법

오지 않고, 보통 2~3개만 나온다. 예를 들어, 삼성 그룹은 언어, 조건, 도형 추리가 나오는 반면, SK는 따로 추리 영역이 있지 않고 국어 영역에 '언어 추리'가 포함되어 있다. 예외적으로 LG그룹은 다섯 가지 유형이 골고루 나온다. 대기업을 준비하는 취업 준비생이라면 LG는 필수로 지원할 것이므로 사실상 5개 유형을 다 준비해야 한다. (그런데 도식 추리는 문제 유형 & 풀이 방식이 너무 다양하므로 이번 장에서는 도형 추리까지만 설명하겠다.)

추리 영역의 5개 유형은 모두 까다로워서 준비하는 데 시간을 제일 많이 들여야 한다. 내 체감상 인·적성 시험을 풀 때 제일 어려웠던 영역도 추리 영역이다. 분명 많이 연습하고 푸는 속도도 충분히 개선했다고 생각했는데, 실전에서 모든 문제를 다 푼 적이 거의 없었다. 그나마 긍정적인 점은 다른 사람도 그렇다는 것이다. 그래서 실전에서 다 못 풀었다고 해서 너무 자책할 필요가 없다.

1. 언어 추리

다섯 가지 유형 중 먼저 '언어 추리'부터 살펴보자. '언어 추리'는 다른 말로 '명제' 문제라고도 부른다.

명제 문제 1 (어떤 X)

'명제' 문제는 이런 식으로 나온다.

〈보기〉 중 항상 참인 문장을 고르시오.

전제 1 : ~~하면 ~~다.

전제 2 : ~~하면 ~~다.

〈보기〉

1.~ 2.~ 3.~ 4.~ 5.~

이렇게 명제가 2~3개 나오고, 이 명제들을 다양하게 조합해서 〈보기〉 중에 맞는 것을 찾으면 된다.

'어떤'이라는 단어가 들어가지 않는 명제 문제는 매우 쉽다. 모든 키워드를 A, B, C 같은 알파벳 형태로 묶는다. 만약 키워드와 함께 붙는 형용사나 부사가 부정적이면 알파벳 앞에 ~를 붙여준다.

예시 문제를 보자.

[언어 추리 – 명제 문제 1(어떤 X)]

〈보기〉 중 옳은 문장을 고르세요.

[전제 1] 수학을 잘하는 사람은 게임을 자주 한다.

[전제 2] 똑똑하지 않은 사람은 게임을 자주 하지 않는 사람이다.

[결론] (   )

〈보기〉

1. 게임을 자주 하는 사람은 똑똑하지 않다.

2. 수학을 잘하는 사람은 똑똑하지 않다.

3. 똑똑하지 않으면 수학을 잘하는 사람이다.

4. 수학을 잘하는 사람은 똑똑하다.

5. 똑똑하면 수학을 잘하는 사람이다.

위 문제에 내가 말한 방법을 적용해서 문제를 풀어보자.

[언어 추리 – 명제 문제 (어떤 X)]

〈보기〉 중 옳은 문장을 고르세요.

[전제 1] 수학을 잘하는 사람은 게임을 자주 한다.

$$A$$

[전제 2] 똑똑하지 않은 사람은 게임을 자주 하지 않는 사람이다.

$$\sim C \qquad \Rightarrow \qquad \sim B \qquad (대우에 의해 B \Rightarrow C)$$

[결론] ($A \Rightarrow B \Rightarrow C$ OR $\sim C \Rightarrow \sim B \Rightarrow \sim A$)

〈보기〉

1. 게임을 자주 하는 사람은 똑똑하지 않다.

$$B \qquad \Rightarrow \qquad \sim C \qquad (B \Rightarrow C이므로 틀림)$$

2. 수학을 잘하는 사람은 똑똑하지 않다.

$$A \qquad \Rightarrow \qquad \sim C \qquad (A \Rightarrow C이므로 틀림)$$

3. 똑똑하지 않으면 수학을 잘하는 사람이다.

$$\sim C \qquad \Rightarrow \qquad A \qquad (\sim C \Rightarrow \sim A이므로 틀림)$$

4. 수학을 잘하는 사람은 똑똑하다.

　　　A　⇒　C　　　　(A⇒B⇒C이므로 A⇒C 맞음)

5. 똑똑하면 수학을 잘하는 사람이다.

　　　C　⇒　A　　　　(A⇒C이지만, C⇒A는 알 수 없음)

이렇게 모든 키워드를 A, B, C 알파벳 및 화살표로 표시한다. 옆에 대우도 적어 놓으면 좋다. 전제에 알파벳 표기를 했다면, 보기로 넘어간다. 전제에서 만든 알파벳 표시와 알맞게 대응하는 보기를 찾으면 된다.

생각보다 얼마 안 걸린다. 간단하게 알파벳으로 표현하고 명제들을 연결하는 데 20초면 충분하다. 위의 보기에서는 전제 2개를 연결하면 A⇒B⇒C가 된다. 즉 A⇒C인 새 규칙을 찾았다. 이 규칙이 '보기' 중에 그대로 있거나 '대우'가 적혀 있다면 그것이 정답이다. 4번 보기를 보면 A⇒C가 그대로 있는 것을 확인할 수 있다. 그래서 정답은 4번이다.

명제 문제 2 (어떤 O)

까다로운 문제는 '어떤'이 들어간 경우다. 이것은 알파벳 표기에 더해 벤다이어그램을 꼭 그려줘야 한다. 예시 문제를 보자.

[언어 추리 – 명제 문제 2(어떤 O)]

다음 중 항상 참인 결론을 고르세요.

[전제 1] 잘생긴 모든 사람은 모델이다.

[전제 2] 잘생긴 어떤 사람은 가수가 아닌 사람이다.

[결론] (   )

〈보기〉

1. 모델이 아닌 모든 사람은 잘생긴 사람이다.

2. 가수가 아닌 어떤 사람은 모델이다.

3. 가수인 모든 사람은 잘생긴 사람이다.

4. 모델인 어떤 사람은 가수인 사람이다.

5. 가수인 어떤 사람은 모델이 아닌 사람이다.

전제 2개가 주어지고 결론이 빈칸이거나, 전제 1개와 결론이 주어지고 전제 1개가 빈칸인 경우다. 이 문제는 두 가지 단어 '모든'과 '어떤'에 집중해야 한다. '모든'이 들어간 명제는 벤다이어그램을 무조건 크게 하나 그리고, 그 안에 작은 원을 하나 그린다. 위 예시 문제의 전제 1을 보자. '잘생긴 모든 사람은 모델이다.'이므로 모델이 큰 범위이고 잘생긴 사람이 작은 범위다. 그림을 그리면 이렇게 된다.

앞의 그림에서 전제 2를 만족하려면 네 가지 형태를 생각해볼 수 있다.

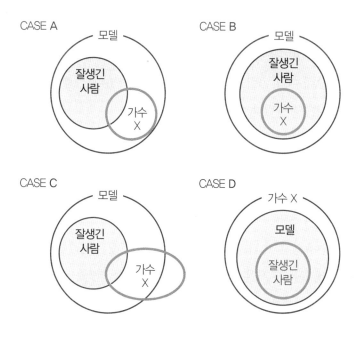

이제 이 네 가지 조건을 활용해 문제를 풀 수 있다. 1번 보기를 보자. "모델이 아닌 모든 사람은 잘생긴 사람이다." 이 명제는 CASE A만 봐도 틀린 것을 알 수 있다. 2번 보기를 보자. "가수가 아닌 어떤 사람은 모델이다." CASE A, B, C, D 4개 모두를 만족하는 명제임을 알 수 있다. 그래서 답은 2번이다. 원래는 시간 절약을 위해 답을 선택하면 뒤 보기는 보지 않고 바로 넘어가야 한다(인·적성 시험 시간 관리 규칙).

나머지 보기도 살펴보면, 3번 보기는 "가수인 모든 사람은 잘생긴 사람이다." 이것은 CASE A만 봐도 틀린 것을 알 수 있다. 4번 보기는 "모델인 어떤 사람은 가수인 사람이다." 이것은 CASE D에 의해 틀렸다. CASE D의 경우에는 모든 모델이 가수가 아닌 사람이기 때문이다. 5번 보기를 보면, "가수인 어떤 사람은 모델이 아닌 사람이다." CASE A에 따라 참이 아닌 경우가 발생할 수 있다. 그래서 '항상' 참은 아니므로 틀렸다. 따라서 답은 2번이다.

이렇게 '어떤'이 들어간 문제는 반드시 벤다이어그램을 그려서 이해해야 한다. 머릿속으로 추측하면 헷갈려서 시간이 더 오래 걸린다.

2. 조건 추리

다음 유형은 '조건 추리'다. 우리가 가끔 접해본 논리 문제와 같다. 참/거짓 문제가 제일 대표다. 예를 들어 '참'을 말하는 사람 4명, '거짓'을 말하는 사람 1명일 때 "수요일에 출장 간 사람은?" 이런 형태로 나온다. 또는 일렬로 나열하는데 조건을 몇 개 주고 "몇 번째 자리에 있는 사람은 누구?"와 같은 배열 문제도 있다.

'조건 추리' 유형을 풀기 전에 기억해둬야 할 것이 있다. 무조건 마지막 남는 시간에 풀어야 한다. 언어 추리나 수열/문자 추리를 다 풀고 나서 맨 마지막에 '조건 추리'를 풀어야 한다. 왜냐하면 '조건 추리' 한 문제를 푸는 데 시간이 오래 걸리기 때문이다. 시간을 아무리 줄여도 1분 이내에 풀기가 힘들다. 제일 난감한 것은, 시간을 획기적으로 줄일만한 꿀팁이 존재하지 않는다는 점이다. 이 '조건 추리' 유형은 많이 풀어서 익숙해지는 수밖에 없다.

그나마 줄 수 있는 팁은 조건들을 나열했을 때 답이 될 수 있는 경우가 다양하게 있다면 '예시' 사례를 최대로 활용하라는 것이다. 다시 말해, 조건 추리 문제를 풀 때 반드시 여러 경우의 수를 만나게 된다. 그것을 다 일일이 확인해보려고 하지 말고, 하나의 경우의 수만 선택해서 '보기'를 소거해나가는 것이다. 아래 문제를 보면서 설명하겠다.

[조건 추리 문제]

동물 A, B, C, D, E는 달리기 경주를 했다. 아래 조건들을 고려했을 때 항상 거짓인 것은?

\# 다섯 동물 중 동시에 들어온 동물은 없다.(다들 순위가 다르다)

\# A는 C보다 먼저 도착했다.

\# D는 1등으로 도착했다.

\# A는 3등으로 도착했다.

〈보기〉

1. E가 4등으로 도착했다.

2. B는 C보다 어떤 경우든 먼저 도착한다.

3. A는 B보다 일찍 도착했다.

4. E는 C보다 늦게 도착했다.

5. B가 2등인 경우가 존재한다.

조건들을 보니 달리기 도착 순서를 맞추는 것이다. 이 조건 중 세 번째와 네 번째 조건은 경우가 나뉘지 않는 확실한 조건이다. 이런 조건을 제일 먼저 봐야 한다. 아래 그림처럼 다섯 개의 빈칸을 만들어 가로로 나열한다. 그러면 A는 가운데에 위치하고, D는 맨 처음에 위치한다.

[풀이]

순서

1	2	3	4	5
D		A		

두 번째 조건이 경우의 수를 여러 개로 나누는 까다로운 조건이다. 이때 팁을 활용한다. A가 C보다 먼저 도착했다고 했으므로 경우를 다 고려하지 말고 그냥 C를 4번 자리에 고정한다. 그러면 2번과 5번 자리에는 B와 E 둘 다 올 수 있으므로 B/E 이렇게 표시해준다.

[풀이] (첫째 예시)

순서

1	2	3	4	5
D	B/E	A	C	B/E

이렇게 예시 사례를 만든 후 '보기'를 본다. 3, 4, 5번 보기는 예시

사례로 '참'인 경우를 보일 수 있으므로 바로 제외한다. 이제 두 번째 경우를 고려한다. C를 4번 자리에 고정했으므로 이제 5번 자리에 고정한다.

[풀이] (둘째 예시)

순서

1	2	3	4	5
D	B/E	A	B/E	C

그러면 그 순간 '1번 보기'도 제외된다. 따라서 '2번 보기'가 정답이다. 원래는 답을 찾으면 바로 넘어가야 하지만, 지금은 풀이법을 소개하는 것이므로 2번 보기를 짚고 넘어가겠다. 2번 보기는 "B는 C보다 어떤 경우든 먼저 도착한다."이다. 위의 첫 번째 예시를 보면 B가 C보다 나중에 도착하는 경우의 수가 존재한다. 그래서 틀린 보기다.

이렇게 경우의 수가 여러 개로 나뉘는 문제가 꽤 있다. 그럴 때 예시 사례를 활용해서 '보기'를 제거하는 방식을 쓰면 된다. 익숙해지면 속도가 빨라져서 한 문제당 1분~1분 30초 이내에 풀 수 있다. 그런데 여기까지가 한계다. 운이 좋아서 예시 사례 하나에 보기 4개가 제거되거나, 1번 '보기'부터 답이 나오지 않는 이상 1분 이내에 풀기가 어렵다. 그래서 제일 나중에 풀어야 한다는 것을 잊지 않아야 한다.

마지막으로 한 가지 더 팁을 주자면, 조건 추리 유형에서 '절대', '반드시', '~경우는 없다'와 같이 예외를 허용하지 않는 부정이나 긍정의 보기는 거짓일 확률이 매우 높다. 위 문제의 정답인 2번도 '어떤 경우든'이라는 표현이 있다. 그런데 이를 방증하는 사례가 적어도 하나 있으므로 틀린 보기다.

3. 수열/문자 추리

이제 '수열/문자 추리' 유형을 보자. 보통 문자보다 수열 위주로 나오는 문제가 대부분이다. 이 유형은 어렵지 않다. 수열에서 패턴을 찾아서 빈칸에 들어갈 정답을 맞히면 된다. 예시 문제를 보자.

[숫자 추리]

일정한 규칙으로 나열된 수를 통해 빈칸에 들어갈 알맞은 숫자를 고르세요.

100, 20, 110, 17, 120, 14, 130, 11, (   )

1. 8	2. 65	3. 140
4. 20	5. 120	

문제는 위와 같은 형태로 나온다. 푸는 방법은 간단하다. 몇 개의 패턴이 있는데, 그 패턴 안에서 벗어나지 않는다. 위 문제 예시를 풀어보자.

$$100, \ 20, \ 110, \ 17, \ 120, \ 14, \ 130, \ 11, \ (140)$$

홀수 번째 수열만 보면 된다. 100 110 120 130 홀수 번째 수열마다 10씩 증가한다. 그래서 빈칸은 140이다. 이렇게 홀수 번째 수열 또는 짝수 번째 수열에 규칙이 있는 문제가 꽤 많다. 또 다른 예시로 이런 규칙의 문제도 있다.

$$205, \ \ 200, \ \ 40, \ \ 35, \ \ 7, \ \ (2)$$
$$-5 \ \ \ /5 \ \ -5 \ \ \ /5 \ \ -5$$

이는 -5, /5가 번갈아 나오는 형태다. 헷갈리는 패턴 중에는 이 두 가지 패턴이 제일 많이 나오니 기억해두는 것이 좋다. 그 외 나머지 패턴은 보자마자 발견할 수 있을 정도로 쉽다. 문자 추리는 문자들을 숫자로 치환한 후에 수열 추리와 같게 생각하면 된다. 수열 추리는 특성상 패턴이 거의 정해져 있어서 그 틀에서 크게 벗어나지 않는다. 그래서 다양한 패턴을 많이 접해보는 것이 중요하다.

4. 도형 추리

다음 유형은 '도형 추리'다. 도형 추리도 다양한 패턴을 머릿속에 담는 것이 중요하다. 수열 추리와 도형 추리는 결국 패턴 싸움이다. 패턴을 많이 기억해두고 있을수록 실제 문제를 풀 때 유리하다. 도형 추리 문제 예시는 다음과 같다.

[도형 추리]

다음 제시된 도형을 보고 적용된 규칙을 찾아 '?'에 해당하는 도형을 고르세요.

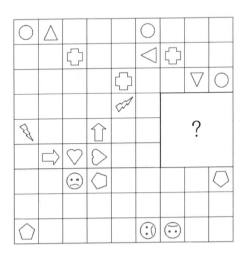

①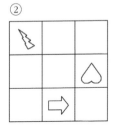

② ③

④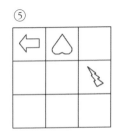

⑤

보통 위와 같이 문제가 나오면 3×3 큐브가 한 세트다. 이것을 묶음으로 보고 문제 속 그림을 가로로 보면, 큐브 위 도형들이 시계 방향으로 두 칸씩 이동한 것을 알 수 있다. 그러면 우리가 구하려는 '? 큐브'의 도형 위치를 알 수 있다. 그리고 개별 도형 자체의 방향을 주목해보자. 도형 모양이 오른쪽 큐브(3×3)로 갈때마다 반시계 방향으로 90도 회전한다. 그러면 '? 큐브'의 도형도 어떤 모양으로 존재해야 하는지(회전해야 하는지) 파악할 수 있다. 따라서 3번이 정답이다. 모든 도형 추리 문제는 '시계/반 시계 회전', '색 반전', '90도 회전', '180도 회전', '상하반전', '앞의 두 그림 합성=뒤 그림' 이 패턴에서 벗어나지 않는다. 모든 문제마다 이 패턴 안에서 어떻게 움직이는지 빠르게 파악하면 된다.

결론

추리 영역은 다른 영역보다 제일 까다롭다. 준비하는 데 시간도 많이 든다. 그런데 또 열심히 준비한다고 해서 시간을 확 줄일 수 있는 것도 아니다. 다만 언어 추리, 수열 추리, 도형 추리를 다 풀고 조건 추리 문제는 반 정도만 풀어도 80% 이상은 풀고 시험을 마칠 수 있다. 추리 영역은 80%만 풀어도 취업 준비생 중에 상위권을 차지할 수 있다. 시간을 절약할 수 있는 유형은 세 가지다. '언어 추리', '수열/문자 추리', '도형 추리'다. 이 세 가지 유형에서 시간을 최대한 절약한다. 그리고 절약한 시간을 '조건 추리'와 '도식 추리'에 쓰면 된다. '조건 추리'는 꼭 맨 마지막에 푼다는 것을 잊지 않아야 한다.

7
시각적 사고(공간 지각)
영역 부수기

이제 인·적성 시험의 마지막 영역이다. '시각적 사고' 영역은 삼성 인·적성 시험인 GSAT를 기준으로 이야기할 텐데, 일반적으로는 '공간 지각 능력' 문제라고 생각하면 된다. 그래서 문제를 보면 아이큐 테스트 같은 느낌이 든다. 종이접기, 전개도 문제가 대표 유형이다. 그런데 '공간 지각 능력'이라고 부르지 않고 '시각적 사고'라고 부른 이유는 삼성 때문이다.

사실 이 영역은 상위 10개 대기업 중 절반 이상은 출제하지 않는 영역이다. 그나마 시험 보는 기업도 다양한 유형의 문제를 내지 않는다. 1~2개 유형에 그친다. 하지만 삼성은 '공간 지각 능력'을 확인할 수 있는 모든 유형의 문제를 다 낸다. 크게 여섯 가지 유형으로 출제한다. 그래서 준비하기가 꽤 까다롭다.

대기업 중 절반 이하만 이 영역을 출제하고 준비하기 어렵다고 해서 공부를 안 할 수는 없다. 우리나라 대표 기업인 삼성 그룹이 이 영역을 측정하기 때문이다. 취업을 준비하는 우리나라 구직자라면 (특히 대기업을 희망한다면) 사실상 무조건 지원하는 기업이라서 GSAT는 반드시 거쳐야 하는 관문이다. 어려워도 열심히 준비해야 한다.

이 시각적 사고 영역은 GSAT를 악명 높게 만드는 원인 중 하나다. 아이큐 테스트 같은 느낌이라서 문제에 익숙하지 않은 사람들은 까다롭게 여긴다. 그래서 GSAT를 처음 겪는 취업 준비생들은 이 영역에서 고비를 맞는다. 제한 시간 내에 다 풀지도 못하는데 심지어 정답률도 떨어지는 심각한 상황이 발생한다. 그래서 머리가 똑똑한 사람이 아니라면 이 영역을 처음부터 잘 푸는 사람은 찾기 어렵다.

하지만 준비만 잘하면 인·적성 시험과 GSAT에 적응할 때 가장 수월한 영역이다. 처음에는 제일 많이 틀리고 어렵지만, 실력이 느는 속도가 빨라서 나중에 점수가 가장 잘 나오는 영역이다. 첫 모의고사를 보고 난 후 이 영역에서 망했다고 해서 너무 실망할 필요는 없다. 이번 장을 읽고 나면 제일 자신 있는 영역이 될 것이다.

이제 '시각적 사고' 영역을 하나하나 공략해보자. 이 영역은 크게 여섯 가지 유형의 문제로 나눌 수 있다. ①전개도 ②종이접기/펀칭 ③다른 도형 찾기 ④투상도 ⑤조각 찾기 ⑥블록 결합이다. 그중에 종이접기/펀칭의 비중이 가장 크다. 사실상 문제의 절반이 여기서 나온다(13~14문제). 그래서 이 유형을 많이 맞히는 것이 중요하다. 다음으로 전개도가 6문제 나오고, 다른 도형 찾기와 투상도가 각각 4문제 정도 나온다. 조각 찾기는 2문제, 블록 결합은 1문제 나온다.

　　2장_인·적성 시험 무조건 합격하는 법

1-1. 전개도 패턴 1 : 만들 수 없는 입체도형 찾기

전개도 유형을 보면 두 가지 패턴으로 나온다. 첫 번째 패턴은 전개도를 주고 5개의 '보기'가 큐브 모양으로 나온다.

[전개도 – 패턴 1]

다음 전개도로 만들 수 없는 입체도형은?

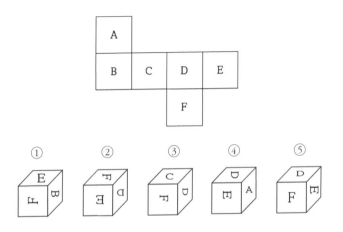

이 패턴은 쉽다. 바로 '보기'부터 본다. 세 면 중 위에 있는 면에 집중한다. 그 면에 있는 모양과 같은 모양을 전개도에서 찾아준다. 전개도에서 발견한 그 모양을 보기의 윗면 모양과 일치시킨다. 그리고 머릿속으로 도형을 회전시키면서 윗면을 제외한 나머지 두 면에 있는 그림의 방향과 전개도에 그려진 모양이 방향이 같은지 확인하면 된다. 중요한 것은 면의 방향이 다른 것을 찾는 것이다. 한 가지 더 팁을 알려주겠다. 보기를 볼 때 세 면 중 윗면을 본다. 윗면을 계속

90도로 회전했을 때 모양이 다 다른 보기부터 보는 것을 추천한다. 좌우대칭이거나 180도 회전했을 때 같은 모양이거나 상하 반전했을 때 같은 모양인 보기는 나중에 본다. 회전시킬 때마다 모양이 다른 보기에서 답이 나올 확률이 더 높다.

그런데 '공간 지각 능력이 안 좋아서 도저히 빨리 풀 수가 없다.' 라고 하는 사람도 있을 것이다. 이런 사람들을 위한 풀이 방법이 있다. 바로 '꼭짓점에 숫자 새기기'다. 이 방법은 공간 지각 능력이 안 좋은 사람도 쉽게 푸는 방법이다. 다만 앞서 알려준 방법보다 시간이 약간 더 걸릴 수 있다. 방법은 다음과 같다.

①전개도에서 4개의 모서리가 모이는 곳에 번호를 1부터 순서대로 매긴다.

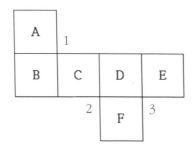

그러면 위와 같은 결과가 나올 것이다.

②다음은 꼭짓점 1과 인접한 꼭짓점 하나에 숫자 4를 매긴다. 그리고 전개도를 정육면체로 접었을 때, 그 꼭짓점 4와 만나는 꼭짓점에도 숫자 4를 매긴다. 그러면 다음과 같은 결과가 나올 것이다.

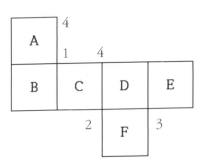

③같은 방식을 꼭짓점 2와 꼭짓점 3에도 적용한다.

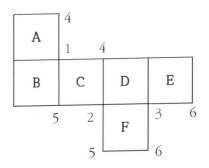

④아직 숫자가 매겨지지 않은 꼭짓점이 있다. 머릿속으로 전개도를 접어보면서 아직 숫자가 매겨지지 않은 꼭짓점은 어떤 꼭짓점과 만날지 생각한다. 이 과정을 계속 연습하다 보면 익숙해져서 나중에는 기계처럼 바로바로 할 수 있으니 당장은 걱정하지 않아도 된다.

그러면 전개도를 접었을 때, B의 왼쪽 아래에는 6이 새겨질 것이다.

⑤전개도를 접었을 때 B의 왼쪽 위 꼭짓점이 E의 오른쪽 위 꼭짓점과 만날 것이고, A 왼쪽 위 꼭짓점이 D의 오른쪽 위 꼭짓점과 만

날 것이다. 이 꼭짓점들에는 새로 숫자를 매긴다. 예를 들어 B 왼쪽 위에 새로운 숫자 7을 매겼다면, E의 오른쪽 위에도 숫자 7을 매긴 다. 최종 결과는 아래와 같다.

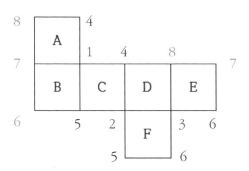

이렇게 전개도의 모든 꼭짓점에 숫자를 새겼다면, 보기에도 똑같 이 숫자를 새겨준다.

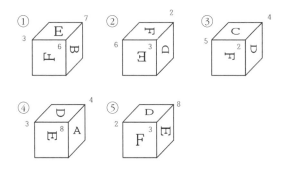

이제 보기에서 윗면과 인접한 두 모서리를 중심으로 봐주면 된다. 2번 보기에서 모서리 2, 3을 보자. 2, 3 모서리와 D의 둥근 면이 전개 도에서는 서로 수직 방향인데, 2번 보기에서 2, 3 모서리와 D의 둥근

면은 마주하고 있다. 서로 방향이 다르므로 2번이 틀렸다. 이런 식으로 전개도와 보기에서 같은 번호의 모서리 두 개를 살펴보기만 하면 된다. 이 방식도 마찬가지로 팁이 적용될 수 있다. 보기의 윗면이 회전(90도, 180도, 상하 반전 다 포함)했을 때 같은 모양이 되지 않는 보기부터 살펴보는 것을 추천한다.

1-2. 전개도 패턴 2 : 다른 전개도 찾기

두 번째 패턴은 보기에 전개도가 5개 나오고, 여기서 나머지와 다른 하나를 고르는 것이다. 이 패턴은 첫 번째 패턴보다 시간이 조금 더 걸린다. 예시 문제를 보자.

[전개도 문제 – 패턴 2]

다음 전개도를 접었을 때 만들어지는 입체도형이 다른 것은?

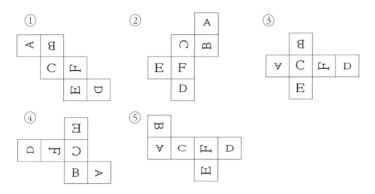

이 패턴도 풀이 방법은 두 가지다. 첫 번째 방법은 위에서 말한 팁을 바로 적용하는 것이다. 전개도 안에 여섯 개의 다른 도형이 있는

데, 이 도형 중 회전이나 대칭시켰을 때 같은 모양이 나오지 않는 도형을 '기준'으로 잡는다. 이 기준 도형이 중요하다. 기준 도형에 상하좌우로 붙어 있는 도형들의 방향성을 주의 깊게 보면 된다. 1번 보기와 2번 보기를 비교하는 것부터 시작한다. 기준 도형에서 상하좌우로 붙어 있는 도형들의 방향이 1번과 2번 보기와 모두 일치한다면 2번과 3번 보기를 비교한다. 이런 식으로 해서 방향이 하나라도 다른 것이 나온다면 그 보기가 정답이 된다.

그런데 이 첫 번째 방법은 머릿속으로 도형을 회전해보는 감각이 있어야 좋다. 이 감각이 전혀 없는 취업 준비생을 위한 방법이 하나 더 있다. 이 패턴도 첫 번째 패턴과 같이 '꼭짓점 숫자 새기기' 방법을 적용할 수 있다. 방법은 첫 번째 패턴에서 했던 것과 같다.

1번 보기

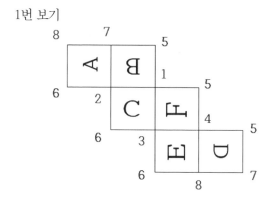

그런데 모든 꼭짓점에 숫자를 매기는 데는 시간이 오래 걸린다. 보기 하나도 아니고 5개에 매겨야 하기 때문이다. 그러면 모든 꼭짓점이 아니라 필요한 꼭짓점에만 번호를 매기는 방법은 어떻게 하는 걸까? 여기에 앞서 제시한 팁을 적용하면 된다. 회전을 시켰을 때 같은 모양이 나오지 않는 도형을 기준 도형으로 잡는다. 그 기준 도형의 네 꼭짓점에 번호 1, 2, 3, 4를 매긴다. 기준 도형과 상하좌우로 인접한 4개 도형이 있을 것이다. 전개도 상에서 바로 인접한 도형에는 둘 사이에 선을 그어준다(인접한 도형이라는 것을 표시하기 위해). 그리고 기준 도형의 모서리와 만나는 인접한 4개 도형의 모서리에만 번호 표시를 해주면 된다. 아래 그림처럼 진행하면 된다.

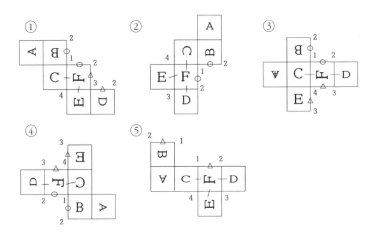

번호를 매길 때 주의할 점이 있다. 나는 위의 풀이에서 F를 기준 도형으로 잡았다. 1번 보기를 보면 F가 왼쪽으로 90도 회전한 채로 있다. 그리고 나는 왼쪽 위부터 시계 방향으로 차례대로 1, 2, 3, 4로 번호를 매겼다. 그러면 2번 보기에 번호를 매길 때, 1번 보기에서 번호를 매긴 위치와 같은 곳에 매겨야 한다.

위의 예시를 자세히 보자. 1번 보기에서는 오른쪽 아래 꼭짓점(F

의 다리 부분)을 3으로 매겼다면, 2번 보기는 1번 보기의 F를 시계 방향으로 90도 회전한 모양이므로 왼쪽 아래 꼭짓점(F의 다리 부분)에 3을 매겨야 한다. 4번 보기도 마찬가지다. 1번 보기의 F를 시계 방향으로 180도 회전했으므로, 왼쪽 위 꼭짓점(F의 다리 부분)에 3을 매겨야 한다. 이렇듯 주의해서 번호를 매겨야 한다.

참고로 보기 5개에 모두 번호를 표시하고 시작하는 것이 아니라, 1번 보기와 2번 보기에만 먼저 번호를 표시하고 두 보기를 비교한 다음 완전히 일치한다면, 3번 보기에 번호를 표시한 후 2번 보기와 3번 보기를 비교하면 된다. 이렇게 하면 공간 지각 능력이 떨어지는 사람도 시간을 절약하여 문제를 풀 수 있다.

참고로 '꼭짓점 숫자 새기기' 방법은 공간 지각 능력이 좋지 않은 사람이 활용하면 좋다. 어느 정도 도형 감각이 있는 사람은 첫 번째 방법대로(머릿속으로 도형 회전하는 것) 푸는 것이 더 빠르다.

2-1. 종이접기 패턴 1 : 펀칭/자르기

두 번째 유형은 종이접기다. 종이접기는 시각적 사고 영역 중 제일 비중이 큰 문제이므로 최대한 많이 맞히는 것이 좋다. 종이접기 유형에도 크게 두 가지 패턴이 있다. 첫 번째 패턴은 '펀칭/자르기'다. 종이를 다 접고 난 후 마지막에 구멍을 뚫었는데, 종이를 다 펼치고 나면 어떤 모양으로 뚫렸을지 추측하는 문제다.

[종이접기 패턴 1 – 펀칭/자르기]

다음과 같이 종이를 접고 구멍을 뚫었을 때, 다 펼친 후의 모양은?

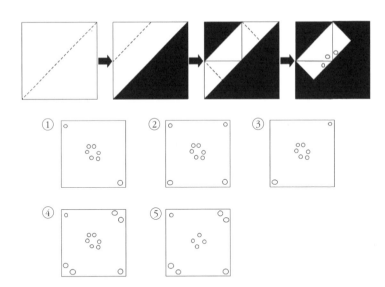

이 패턴은 정말 쉽다. 이 패턴은 역으로 풀어나가면 된다. 다 접힌 상태의 오른쪽에서 다 펴진 왼쪽 순으로 가는 것이다.

아래 풀이 그림을 보자.

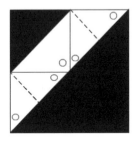

맨 마지막에 펀칭이 된 곳을 다 접힌 상태의 바로 전 단계에 똑같이 그려준다. 그리고 접은 선 기준으로 대칭이 된 펀칭도 그려준다. 똑같은 방식으로 종이에 있는 모든 펀칭을 전 단계에 그대로 그려주고, 접은 선 기준으로 대칭인 곳도 펀칭해준다.

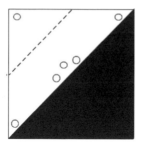

그렇게 계속 진행하면 아래와 같이 다 펼친 상태가 된다. 이제 자신이 그린 펀칭과 같은 보기를 찾으면 된다.

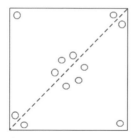

다 펼친 모양은 위와 같다. 이것과 똑같이 생긴 보기는 4번이다. 그래서 답은 4번이다. 접는 게 복잡하지 않은 쉬운 문제면 펀칭 문제는 20~30초 정도에 푼다. 그래서 여기서 최대한 시간을 단축해야 한다.

2-2. 종이접기 패턴 2 : 뒷면 맞히기

두 번째 패턴은 뒷면 맞추기다. 예시 문제를 보자.

2장_인·적성 시험 무조건 합격하는 법

[종이접기 패턴 2 – 뒷면 맞히기]

다음과 같이 종이를 접었을 때 마지막 종이의 뒷모습으로 옳은 것
은? (점선은 앞으로 접은 것, 이중 빨간 선이 뒤로 접은 것)

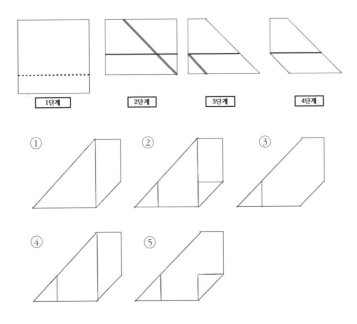

이 패턴도 마지막 단계부터 역순으로 풀어야 한다. '앞으로 접는
선', '뒤로 접는 선'이 같이 나올 때가 자주 있는데, '앞으로 접는 선'
은 신경 쓸 필요 없다. '뒤로 접는 선'에 집중한다. 결국 우리가 알고
싶은 것은 뒷면이니까 '뒤로 접는 선'이 뒷면을 구성하는 핵심이 된
다. 마지막 단계부터 '뒤로 접는 선'을 따라 접었을 때 뒷면에 어떻
게 도형이 남겨질지 생각한 후, 틀린 보기는 바로바로 지우고, 전 단
계 도형 위에 뒷면의 도형을 흐리게 새겨준다(진하게 하면 헷갈림).

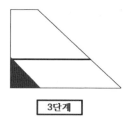

3단계

마지막 단계 전 단계(3단계)를 보면, 위의 빨간색 칠을 한 부분이 뒷면으로 접혀 넘어가게 된다. 그러면 저 빨간색 칠한 도형이 180도 회전되어 뒷면에 그대로 그려져 있어야 한다(아래 그림의 왼쪽). 그런데 '보기'는 좌우 반전이 되어 있으므로 아래 그림의 오른쪽과 같은 모양이 보기에 있어야 한다.

이제 보기를 본다. 여기서 위 그림의 오른쪽 도형을 포함하지 않은 보기는 지운다.

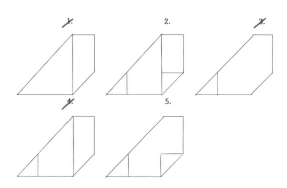

2장_인·적성 시험 무조건 합격하는 법

1, 3, 4번 보기가 지워졌다. 무려 3개의 보기가 없어졌으니 2, 5번 보기만 확인하면 된다. 이제 2단계로 간다. 뒤로 접는 선이 있다.

2단계

빨간색 칠한 도형이 뒷면으로 넘어가게 된다. 그러면 아래 왼쪽과 같은 모양이 뒷면에 존재할 것이다. 보기가 좌우대칭이므로 아래 오른쪽 모양이 보기에 있어야 한다.

더는 뒤로 접는 선은 없다. 마지막으로 점검해야 할 핵심은 2단계의 '파란' 선분들이 마지막 단계의 뒷면에도 보이는지 여부다. 가끔 다른 접는 선에 의해 뒷면에 있는 선분이 가려지는 변형 문제가 출제되기 때문이다. 확인하기 위해 정방향으로 종이접기 단계를 진행해 본다. 문제없이 모든 파란 선분이 뒷면에 계속 남아 있다. 그래서 뒷면에는 위의 빨간색 칠한 도형이 있어야 한다. 따라서 답은 2번이다.

이런 식으로 종이접기의 뒷면을 찾는 문제는 '뒤로 접는 선'에만 집중해 단계를 역순으로 진행하면서 풀면 된다. 중요한 것은 틀린 보기를 바로바로 제거해주는 것이다. 그래야 헷갈리지 않고 빠르게 풀 수 있다.

3. 다른 도형 찾기

세 번째 유형은 '다른 도형 찾기'이다. 이 문제는 조금 애매하다. 쉬우면 정말 20초 만에 푸는데, 한 번 답이 보이지 않으면 한 문제당 2분이나 걸린다. 더 난감한 것은 이 유형에 꿀팁이 존재하지 않는다는 것이다. 푸는 사람이 다른 모양을 찾는 감각을 최대한 끌어올리는 수밖에 없다. 내게는 효과가 미비했던 것 같긴 하지만, 사람들이 이 유형을 잘 풀기 위해 추천해준 게임이 있다. '스누피 틀린 그림 찾기'이다. 사람마다 효과가 다르겠지만, 아무런 준비를 안 하는 것보다 훨씬 도움이 될 것이다. 이 유형은 맨 나중에 푸는 것이 좋다.

4. 투상도

네 번째 유형은 '투상도'이다. 이 유형도 정말 쉽다. '투상도' 유형은 '투상도'가 함정이다. 이 유형을 푸는 데 '투상도'를 볼 필요가 없다. 오로지 보기만 보고 풀면 된다. 예시 문제를 보자.

[투상도]

아래 투상도를 보고, 보기 중에 적절한 도형을 고르세요.

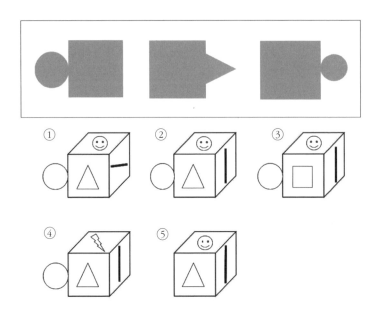

문제를 읽고 나서 투상도를 볼 필요 없이 바로 '보기'로 넘어간다.
5개의 보기를 골고루 보면서 하나씩 지워나간다. 아래 풀이를 보며
설명하겠다.

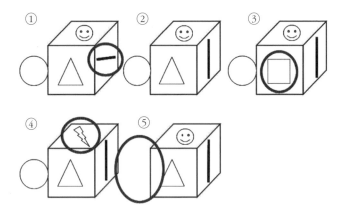

1, 2, 4, 5번 보기는 모두 앞에 삼각형 모양이 존재한다. 하지만 3번 보기는 사각형 모양이 존재한다. 그러면 3번 보기는 답이 아니다. 이제 같은 방식으로 4개의 보기를 보면서 다른 점을 찾는다.

1, 2, 5번 보기는 직육면체의 윗부분이 웃는 얼굴이다. 그런데 4번은 번개 모양이다. 그래서 4번 보기 역시 답이 아니다.

2, 5번 보기는 정육면체 오른쪽 부분에 직선이 세로 방향으로 있는 반면, 1번 보기는 직선이 가로 방향으로 있다. 그래서 1번 역시 답이 아니다. 2번과 5번만 남았다.

5번 보기를 보면 다른 1, 2, 3, 4번 보기와 다른 점이 있다. 다른 보기에는 원이 있는데, 5번 보기에는 원이 없다. 그래서 5번 보기도 틀렸다. 정답은 4번이다. 이렇게 다른 형태를 보인 보기들을 하나씩 제거하다가 남는 보기가 정답이다. 문제가 어렵지 않아서 한 문제에 20~30초 정도면 풀 수 있다.

5. 조각 찾기

다섯 번째 유형은 '조각 찾기'이다. 하나의 복잡한 도형이 지문으로 나오고, 그 안에 '보기'에 해당하는 도형이 존재하는지를 파악하는 문제다. 예시 문제를 보자.

[조각 찾기]

다음 그림에서 찾을 수 없는 도형을 고르세요.

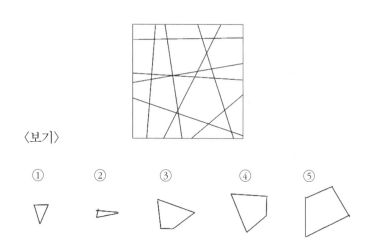

〈보기〉

처음 접할 때는 조금 오래 걸릴 수도 있는데, 계속 풀다 보면 익숙해진다. 보기에 나오는 도형이 그림에 나오는 도형과 동일하게 등장한다.

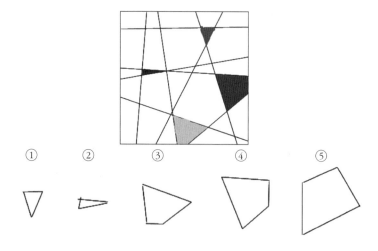

그래서 보기의 도형을 회전할 필요가 전혀 없다. 보기와 비슷한

각도를 가진 선을 지문에 있는 도형에서 찾고, 그 선을 중심으로 보기 도형이 존재하는지를 파악하면 된다. 없는 도형을 계속 찾으려고 하지 말고, 보기와 지문에 있는 도형을 하나씩 비교해보면서 도형이 있다면 보기를 하나씩 제거해 나가야 한다. 제거되지 않은 남은 1개를 정답으로 고르면 된다. 도형을 찾지 못하겠다면 잠깐 그 보기를 넘기고 다음 보기부터 본다. 이 문제에서도 시간을 10~20초 정도 단축해야 한다.

6. 블록 결합

마지막 유형은 블록 결합이다. 이 유형은 1문제 나온다. 만약 실전에서 시간이 부족한데 다른 유형을 아직 못 풀었다면, 이 블록 결합은 과감하게 포기한다. 나는 보통 1분~1분 30초 정도 걸렸다. 이 문제 외에 빠르게 풀 수 있는 유형은 많다. 그래서 이 유형은 우선순위에 두지 않아도 된다. 그래도 풀이 방법은 알아두고 가자.

[블록]

다음 전체 도형과 A, B 도형을 보고 나머지 도형으로 알맞은 것은?

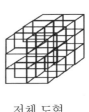

전체 도형   A 도형   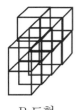 B 도형

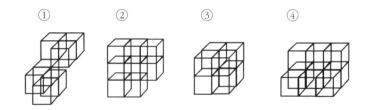

①　②　③　④

보통 이렇게 문제가 나온다. 3층, 블록 24개가 제일 일반적이다. 사실 공간 감각이 좋은 사람이면 금방 푼다. 그렇지 않은 사람이라면 이렇게 풀어야 한다.

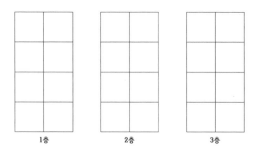

이런 식으로 층을 3개로 나눠야 한다. 2×4 모양을 3개 그려준다. 그리고 각 모양에 1층, 2층, 3층을 부여한다.

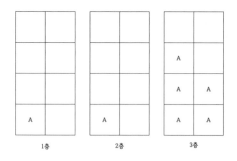

문제의 전체 도형에서 A 도형이 존재하는 곳에 A 표시를 해준다. 안 보이는 뒷부분은 아직 표시하지 않는다. 그리고 B 도형이 존재하는 곳에 B 표시를 해준다.

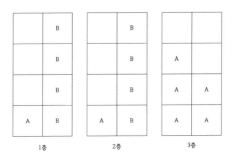

이제 안 보이는 곳도 머릿속으로 그려보면서 표시를 해준다.

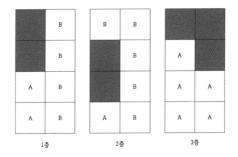

그러면 표시가 안 된 곳이 남는다. 이해를 돕고자 표시가 안 된 곳을 회색으로 칠했다. 이 문제의 경우 1층에 2개가 남고, 2층에는 2개가 남고, 3층은 3개가 남는다. 그러면 이제 1층에는 2개가 있고, 2층에는 2개가 있고, 3층에는 3개가 있는 블록을 보기에서 찾으면 된다.

2장_인·적성 시험 무조건 합격하는 법

물론 블록의 1, 2, 3층 형태는 회색 칠을 한 형태 그대로 있어야 한다. 그러면 답이 1번인 것을 알 수 있다. 이런 식으로 풀어주면 보통 1분~1분 30초 정도 걸린다.

결론

시각적 사고 영역은 인·적성 시험을 처음 접하는 취업 준비생들이 제일 까다로워하는 영역이다. 그런데 GSAT를 뚫기 위한 필수 관문이다. 정말 다양한 유형이 있다는 것이 시험을 준비하는 취준생에게는 까다롭다고 느껴질 수도 있다. 하지만 그나마 다행인 것은 제일 비중을 높게 차지하는 '종이접기' 유형의 난이도가 낮다는 것이다. 다른 유형도 앞서 알려준 풀이법을 계속 연습하고 숙지하면 금방 숙달할 수 있다.

나도 처음에는 시각적 사고 영역을 제일 많이 틀렸다. 못 푼 문제가 많았고, 풀었지만 많이 틀렸다. 하지만 빠르게 풀 수 있는 풀이법을 계속 연습하면서 교재에 있는 문제를 많이 풀었다. 그 결과 실전에서 다 풀고도 시간이 남았고, 검산도 할 수 있었다. 그러니까 걱정하지 않아도 된다. 풀이법을 온전히 내 것으로 만드는 일에 집중해야 한다.

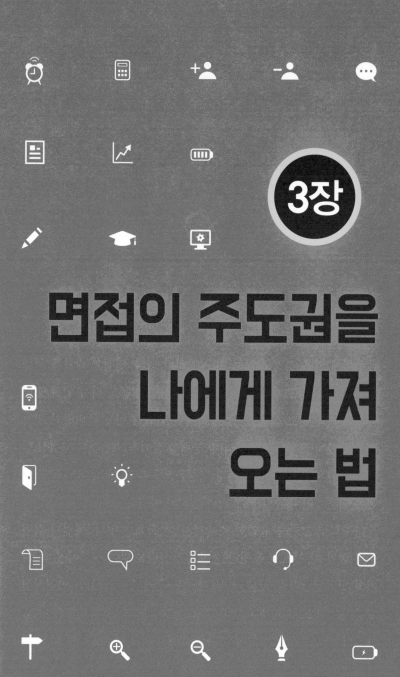

3장

면접의 주도권을
나에게 가져
오는 법

1
면접은 철저히
준비된 암기다

면접은 말 잘하는 사람을 뽑는 것이 아니다

주위에 말을 정말 잘하는 친구가 하나 있다. 면접과 발표를 위해 태어난 것 같다고 생각될 정도로 어떤 압박 질문도 다 유연하게 받아넘기는, 본받고 싶은 친구다. 하지만 면접 전형을 준비하기 위한 짧은 시간에 그 친구만큼 스피킹 능력을 끌어올리는 것은 사실상 힘든 일이다. 돈을 들여서 스피킹 코칭을 받는다고 해도, 어느 정도 개선은 되겠지만 내츄럴 본 스피커는 되기 어렵다.

다행히도 그만큼 유연한 스피커가 될 필요는 없다. 예전에 취업 준비를 할 때, 무료로 운영하는 면접 컨설팅을 받아본 적이 있다. 사기업 인사담당자가 직접 1(면접관) 대 다(지원자)로 실전 면접처럼 질문하고 피드백을 해주었다. 그때 컨설팅을 해주면서 한 말이 있다. "면접 때는 당연히 긴장될 수밖에 없다. 그래서 중간에 말을 조금씩 버벅대는 것은 많은 면접자에게서 볼 수 있는 모습이다. 물론 깔끔하게 답변하면 좋겠지만 약간 버벅대는 것은 아무 문제가 안 된다, 면접 결과에 영향을 주지 않는다."

답변 내용이 핵심이다

결국 중요한 것은 면접 내용이다. 면접관의 질문에 어떤 내용으로 구성해서 답변했는지가 핵심이다. 긴장해서 말을 조금 절었다고 해서 '망했나?'라고 생각할 것은 없다. 면접관이 원하는 내용이 답변에 충분히 들어가 있으면, 그것만으로도 이미 한 개의 질문에 대한 답변을 완벽하게 소화한 것이다.

나는 면접이 철저한 암기라고 생각한다. 면접을 준비할 때 면접관의 질문 패턴을 이해하고, 이에 대한 나만의 답변 스크립트를 만들어 완벽하게 암기하면 어떤 질문이든 거의 완벽하게 대응할 수 있다. 아무리 면접을 잘 보는 사람이라고 해도, 답변 스크립트 암기 없이 면접에 임한다면 좋은 점수를 받기 어렵다. 여기서 답변 스크립트는 면접을 보기 전, 예상 질문에 대비해 미리 답변을 작성한 대본이라고 생각하면 된다.

답변 스크립트를 철저히 암기해서 준비하면, 내가 대비한 영역 내에서 면접관의 질문이 나오도록 유도하고 설계할 수 있다. 이것은 정말 중요하다. 면접의 주도권을 면접관이 아닌 내가 쥐는 효과를 가져오기 때문이다. 예상치 못한 질문이 나올 확률이 적다는 것이고, 다른 사람보다 더 준비된 답변을 할 수 있다는 것이다.

그러면 어떤 질문이 나올지 알아야 답변 스크립트를 짜서 대비할 수가 있다. 나는 자기소개서처럼 면접도 질문을 패턴화할 필요가 있다고 느꼈다. 그래서 많은 면접을 경험해보고 분석한 경험을 바탕으로 질문 패턴 리스트를 만들 수 있었다.

무조건 물어보는 네 가지 질문 패턴

자기소개서와 마찬가지로 면접 때의 질문도 패턴화할 수 있다. 면접관이 지원자들에게 하는 공통질문을 모으면 네 가지 패턴으로 나눌 수 있다.

①1분 자기소개 ②지원동기 ③자신의 강점과 약점 ④협업 경험

이 네 가지가 필수로 나오는 공통질문이다. 각각의 패턴은 뒷장에서 자세히 다루겠다.

취업 준비생은 이 공통질문에 대한 답변 스크립트를 미리 준비하고 암기해야 한다. 참고로 답변 스크립트는 핵심 내용 위주로 요약된 것보다 실제 말하듯이 문장으로 쓰는 것이 좋다. 나는 핵심 내용 위주로 요약했을 때 더 잘 잊었고, 실제 면접 때 긴장해서 생각이 도통 나지 않았다. 오히려 문장으로 외우면 스크립트와 완전히 똑같지 않더라도 잘 외워지고, 실전에서 한 두 문장 잊어도 유연하게 대처할 수 있었다.

말하듯이 문장으로 길게 쓴 후, 그대로 철저하게 암기를 하면 된다. 실전에서 면접관이 질문했을 때 그에 대해 답변하면 질문 하나를 완벽하게 해결한 것이다. 공통질문뿐 아니라 예상 질문에 대한 답변

스크립트도 준비해서 암기해야 한다. 예상 질문은 자기소개서에 쓴 내용을 기반으로 준비를 해야 한다. 보통 면접관 대부분은 지원자가 자기소개서에 쓴 경험을 위주로 자세하게 질문한다.

예를 들어, 나의 경우에는 두 번의 인턴십에 대해 구체적으로 답변해 달라는 요청을 받았다. 또 결과가 어땠는지에 대한 추가 질문을 받았다. 다행히도 이에 대한 답변 스크립트를 미리 준비해서 암기한 상태였다. 암기한 내용대로 어려움 없이 답변할 수 있었다.

결론

면접은 타고난 스피커를 뽑는 전형이 아니다. 회사에 필요한 능력을 갖춘 사람을 뽑는 전형이다. 그러므로 능청스럽게 말을 잘해야 하는 것이 아니다. 면접관이 요구한 질문에 필요한 답변만 잘하면 된다. 그것은 철저히 암기를 기반으로 이루어져야 한다. 면접을 준비할 때 작성한 공통질문 및 예상 질문 답변 스크립트를 철저히 외워서 실전 면접에 임해야 한다. 그래야 철저히 준비되고 설계된 영역에서 면접을 풀어나갈 수 있고, 예상하지 못한 상황에 멘탈이 흔들릴 일도 없다.

2
면접관 공통질문 유형 1 :
'1분 자기소개' 답변 스크립트 작성법

1분 자기소개의 중요성

이제부터 4개 장에 걸쳐 꼭 작성해야 할 '면접관 공통질문 유형별 답변 스크립트'를 하나씩 소개하려고 한다. 이 4개의 답변 스크립트는 지원한 회사의 실무진 면접, 임원 면접을 볼 때 꼭 암기해야 한다.

면접에서 제일 중요한 것은 첫인상이다. 면접 초반에 나를 어떻게 어필하냐에 따라 면접관이 나를 궁금해할 수도 있고, 색깔 없는 평범한 지원자로 인식할 수도 있다. 그래서 면접을 시작할 때 처음 하는 1분 자기소개가 정말 중요하다. 1분 자기소개 내용을 어떻게 구성하냐에 따라 면접관에게 면접 내내 끌려다닐 수도 있고, 면접을 완전히 자신의 페이스로 끌고 갈 수도 있다.

1분 자기소개를 제대로 하지 못한다면 면접관은 지원자를 더는 궁금해하지 않는다. 제대로 된 질문을 하려면 자기소개서를 꼼꼼하게 봐야 하는데, 20~30분 면접 시간 내에는 사실상 불가능하다. 그 래서 면접관은 지원자의 역량을 검증할 수 있는 개별 질문보다 누구에게나 물어보는 공통질문을 할 수밖에 없다. 이것은 분명히 안 좋은 신호다.

반대로 1분 자기소개를 잘하면, 면접관은 지원자가 1분 자기소개에서 언급한 내용에 대해 궁금할 것이다. 그래서 더 알아보기 위해 꼬리 질문을 시작한다. 이렇게 진행된다면 지원자가 원하는 페이스로 면접관을 끌어오는 것이다. 그다음부터는 준비한 대로 차근차근 답해 나가면 된다.

1분 자기소개 답변 스크립트

그러면 1분 자기소개 답변 스크립트를 어떻게 작성해야 할지 본격적으로 알아보자.

먼저 1분 자기소개의 뼈대를 살펴보겠다.

[1분 자기소개 뼈대]

안녕하세요, 저는 ○○에 지원한 ○○를 목표하는 ○○입니다.
⇒ (자신의 목표)
저는 ○○(지원 직무)를 잘 수행하기 위해 ○○, ○○, ○○ 등의
(전공도 좋고, 대외활동도 좋음. 직무와 관련된 모든 활동을 나열)
다양한 경험을 했습니다.
⇒ (다양한 직무 관련 경험)

그중 ○○(제일 어필하고 싶은 직무 관련 경험)를 수행하며 ○○(결과물에 대한 간략한 설명)의 성과를 냈습니다.

⇒ (제일 강조하고 싶은 직무 관련 경험, 조금 더 디테일하게)

이 활동을 통해 ○○(배운 점)를 배울 수 있었습니다.

⇒ (활동을 통해 배운 점)

이 경험을 토대로 ○○(지원한 회사)에서 더 발전된 방향으로 성장해서 ○○(회사에서 이루고 싶은 목표)를 달성하고 싶습니다.

⇒ (목표 및 포부)

내가 작성한 스크립트 뼈대의 전체 구성은 위와 같다. 꼭 들어가야 하는 내용은 다섯 가지다. 자신의 목표, 다양한 직무 관련 경험 나열, 제일 강조하고 싶은 경험, 경험을 통해 배운 점, 목표 및 포부다. 1분 자기소개는 지원자의 첫인상을 결정짓고, 이후에 면접의 방향성을 결정짓는 매우 중요한 답변이므로 위와 비슷하게 답변하는 것이 좋다.

전체 흐름을 소개하면 다음과 같다. 자신을 소개하면서 짧게 자신의 목표를 소개한 후, 자신이 직무와 관련해 어떤 경험을 했는지 짚고 넘어간다. 이 답변의 핵심은 '제일 강조하고 싶은 직무 관련 경험'이다. 이것을 말할 때 면접관이 딱 궁금할 정도까지만 자세히 언급한 후 넘어가는 것이 핵심이다. 그 후 마지막으로 자신의 포부를 언급하면서 답변을 마치면 된다.

경험을 선택할 때, 자신이 제일 어필하고 싶은 것을 고르는 것이 좋다. 1분 자기소개를 주의 깊게 들은 면접관이라면, 그 경험에 대해 무조건 자세히 물어볼 것이기 때문이다. 그래서 제일 자신 있고 강조하고 싶은 경험을 넣어서 면접관이 이에 대해 질문해도 막힘 없이 답변할 수 있는 환경을 만드는 것이 매우 중요하다.

작성 예시

한 번 예시를 작성해보겠다. IT 회사의 데이터 분석 직무를 지원했다고 가정해보자.

1분 자기소개 (예시)

안녕하세요, 저는 ○○에 지원한 데이터 전략 수행 전문가를 목표하는 ○○입니다.

저는 데이터 분석 직무를 잘 수행하기 위해 통계학 전공, 빅데이터 학회, 빅데이터 직무 인턴십 등 다양한 경험을 했습니다.

그중 인턴십을 수행하며 데이터 분석을 통해 새로 고객이 될 것으로 예상하는 방문자에게 맞춤형 추천 마케팅 전략을 세우는 성과를 냈습니다.

이 활동을 통해 데이터의 전처리부터 구체적 전략을 세우기까지의 넓은 분석 프로세스를 배울 수 있었습니다.

이 경험을 토대로 ○○(지원한 회사)에서 더 발전된 방향으로 성장하여 전략적 데이터 분석을 통해 ○○ IT 솔루션(회사가 주력하는 사업이라 가정)을 더 고도화하고 싶습니다.

1분 자기소개의 기본 뼈대는 변하지 않는다. 중심 뼈대는 그대로 유지한다. 그리고 위와 같은 방식으로 자신이 지원한 회사의 산업군과 지원한 직무에 맞게 내용을 조금씩 다르게 구성한다.

제일 중요한 것은 '강조하고 싶은 경험'이다. 이것을 실전에서 명확하게 제시해야 한다. 그래야 면접관이 지원자의 어필 포인트를 알아챌 수 있다.

결론

4개의 면접 답변 스크립트 중 '1분 자기소개'가 제일 중요하다. 1분 자기소개에서 지원자 자신이 원하는 페이스로 끌고 와야 비로소 다음 3개의 답변 스크립트도 큰 힘을 발휘할 수 있기 때문이다. 만약 1분 자기소개를 면접관에게 제대로 어필하지 못했다면, 그 면접은 안 좋은 결과로 이어질 확률이 높다. 그만큼 첫인상, 첫 자기소개는 굉장히 중요하다.

나는 인턴 준비를 할 때 A, B 회사 두 곳에서 면접을 봤다. A 회사는 떨어졌고, B 회사는 붙었다. 내가 A 회사의 면접에 떨어진 이유도, B 회사의 면접을 붙은 이유도 모두 1분 자기소개의 영향이었다. A 회사 면접 때는 면접관이 친절하게 대해 준다는 이유만으로 안일하게 생각하여 나 자신을 충분히 어필하지 못했다. 반면에 B 회사 면접 때는 적극적인 자기소개로 면접관에게 깊은 인상을 주어 좋은 결과로 이어질 수 있었다.

3
면접관 공통질문 유형 2 :
'지원동기' 답변 작성법

지원동기의 중요성

1분 자기소개와 함께 항상 같이 나오는 단짝 질문이 바로 '지원동기'다. 면접을 보게 되면 대부분의 면접관이 무조건 물어보는 질문이다. 이 질문을 하는 이유는 당연하다. 지원자가 왜 이 회사에 지원했는지를 알고 싶기 때문이다.

이 질문을 통해 지원자가 면접에 임하는 태도, 회사에 관한 관심이 어느 정도인지를 파악할 수 있다. 이 질문은 면접관에게도 매우 중요하다. 일을 잘하는 능력 있는 사람을 뽑는 것도 중요하지만, 회사에 정말 관심이 많고 애정 있는 사람을 뽑는 것이 미래를 생각했을 때 더 중요하기 때문이다.

이전 전형을 모두 통과한 후 본격적으로 면접을 보기 시작하면, 왜 지원동기가 중요한지를 느낄 수 있다. 지원동기를 물어보지 않는 회사가 없기 때문이다. 나 역시 그랬다. 다양한 회사의 면접을 보고 다양한 면접관을 만나서 다양한 질문을 받았지만, 면접관이 절대 빼놓지 않는 질문이 있었다. 바로 '지원동기'다. 그래서 취업 준비생은 면접을 준비할 때 '지원동기'에 대한 답변 스크립트를 작성하고 꼭 암기해서 가야 한다.

지원자가 지원동기를 어떻게 답변하는지에 따라 지원자에 대한 인상이 크게 달라질 수 있다.

만약 지원동기를 어설프고 두루뭉술하게 답변했다면 스펙이 괜찮고 직무 관련 경험이 있는 지원자라도 떨어질 확률이 높다. 실무진 면접은 직무 능력을 더 중요시하기 때문에 운 좋게 통과할 수 있어도 임원 면접은 절대 통과할 수 없다.

반대로 명확하고 임팩트 있게 지원동기를 밝혔다면 스펙이 상대적으로 낮아도 붙을 가능성이 크다. 그만큼 합격하고 싶은 이유를 잘 어필했고, 회사에 대한 관심이 많다는 것을 증명했기 때문이다. 이것은 임원 면접에서 더 큰 영향을 발휘한다. 임원은 직무에 대한 역량 검증보다 지원자의 태도, 인성, 회사에 대한 열정을 평가한다. 그래서 지원동기에 더 귀를 기울일 수밖에 없다. 이 답변 하나에 지원자의 회사에 관한 관심과 열정 그리고 태도가 고스란히 담겨 있기 때문이다.

1분 자기소개가 지원자의 첫인상을 결정하는 중요한 요소라면, 지원동기는 지원자의 끝 인상을 책임지는 요소다. 첫인상은 시간이 지나면 흐릿해지지만, 끝 인상은 꽤 강렬히 남아서 오랫동안 지속된다.

그래서 1분 자기소개로 출발을 잘 끊는 것도 중요하지만, 어떻게 지원동기 내용을 구성하냐에 따라서 지원자의 끝 인상도 결정된다. 즉 합격/불합격은 지원동기에 있다고 해도 과언이 아니다.

지원동기 답변 스크립트

지원동기 답변 스크립트에는 두 가지를 동시에 언급해주는 것이 좋다. '직무 지원동기'와 '회사 지원동기'이다. 먼저 초반부에는 직무 지원동기를 간략하게 언급해주고 관련 경험을 이야기한다. 그 경험을 통해 배운 점과 회사 지원동기를 연결한다. 최종적으로 회사에서 어떤 일을 맡아서 어떤 목표를 이루고 싶은지를 언급하면서 끝낸다. 이것이 지원동기 스크립트의 기본 흐름이다.

구체적으로 어떻게 작성해야 하는지 아래 뼈대를 보자.

[지원동기 뼈대]

저는 과거 ○○(직무 관련 개인 목표)를 달성하는 목표를 세웠습니다. ⇒ (과거 자신의 직무 관련 목표)

○○(경험)를 통해 ○○(경험 과정)를 수행했습니다.

⇒ (직무 관련 경험 과정)

그 결과 ○○(결과물)를 해결했고, ○○(배운 점)를 배울 수 있었습니다. ⇒ (배운 점, 결과물)

그 후 저는 ○○(새로 세운 목표 - 회사와 연결해서)를 하고 싶었습니다. ⇒ (새로운 목표 ⇒ 회사와 엮어서)

그리고 ○○(지원 회사)가 주력하고 있는 목표도 저의 ○○(목표)와 일치한다고 생각했습니다.

⇒ (회사와 내가 같은 길을 가고 있다는 것을 어필)

그래서 ○○(지원 회사)와 함께 ○○(목표 – 회사 연결)를 해내고 싶어 지원하였습니다. 감사합니다. ⇒ (목표와 비전 제시)

앞에서 설명한 기본 흐름에 따라서 뼈대를 참고하여 이야기를 풀어나가면 된다. 지원동기 답변에 꼭 들어가야 하는 내용은 과거 직무 관련 경험, 경험을 통해 배운 점, (회사와 엮어서) 미래 목표 및 포부 이렇게 세 가지다. 이 세 가지 뼈대를 기본으로 나만의 답변을 완성하기 바란다.

이 지원동기 스크립트에서 제일 중요한 것은 회사에 대한 이해다. 지원한 회사에 대한 기본 이해를 갖추고 있어야, 왜 이 회사에 지원했는지를 직무 관련 경험과 연결해서 자연스럽게 풀어낼 수 있기 때문이다.

기업분석을 하나도 하지 않은 채 지원동기를 작성한다는 것은 "나는 면접관에게 안 좋은 끝 인상을 남기고 싶다."라고 말하는 것과 같다. 서류 전형을 준비할 때 어느 정도 기업분석을 했겠지만, 면접 답변 스크립트를 작성하기 전에 한 번 더 해야 한다. 다시 한번 기업분석을 하면서 회사에 대한 이해도를 업그레이드하는 것이 필요하다.

작성 예시

지원동기의 예를 한 번 작성해보겠다. 대기업의 데이터 분석 직군에 지원했다고 가정해보자.

지원동기 (예시)

저는 빅데이터 분석을 활용하여 기존의 문제를 개선하고 더 발전된 솔루션을 제안하는 일을 하고 싶었습니다. 그래서 현업에서는 어떻게 빅데이터를 활용하는지 파악하고 싶었습니다.

인턴십을 통해 배운 것은, 데이터를 통해 고객의 정확한 니즈를 확인하는 것이 중요하고, 이는 곧 새로운 솔루션 개선과 직결되어 있다는 점이었습니다. 저는 이 점에 주목해서 개인 프로젝트를 수행하였고, 고객이 꼭 필요로 하는 제품에 대해 전략을 수립하는 법을 배울 수 있었습니다. 저는 '고객의 니즈 파악'과 '솔루션' 두 가지 핵심을 항상 인지하면서, 제가 해결하고 싶은 문제를 더 넓은 범위로 넓혀보고 싶었습니다.

그리고 ○○(지원 회사)의 고객을 위한 개인 맞춤형 플랫폼 확장 및 미래 지향적인 ○○ 사업(이 회사가 주력하는 사업)과 비전이, 데이터 분석을 통해 미래 사회를 위한 솔루션을 개발하고 싶은 저의 꿈과 일치한다고 느꼈습니다. 그래서 ○○(지원 회사)에서 고객에게 최고의 가치를 전달하고 싶어 지원하였습니다. 감사합니다.

이것은 예시이므로 내용을 그대로 따라 적용하면 안 된다. 남의 것을 따라 하는 순간, 그것은 자신의 답변 스크립트가 아니게 된다. 그러면 답변 스크립트를 짜는 실력이 하나도 늘지 않는다. 자신의 실제 경험과 배운 점을 위주로 스스로 생각하면서 채워 넣어야 자신만의 강점 있는 답변 스크립트가 완성되는 것이다. 거기에 더해 기업분석까지 완벽하다면 면접관에게 좋은 끝 인상을 남길 수 있다.

결론

위에서 강조했듯이 '1분 자기소개', '지원동기' 두 가지는 무조건 모든 면접에서 요구하는 질문이다. 그래서 면접 준비를 할 때 제일 철저하게 답변 스크립트를 짜고 암기해야 한다.

면접을 봐야 하는 기업이 많다고 해서 기업분석에 할애하는 시간을 줄여서는 안 된다. 기업분석을 충분히 해야 지원동기를 더 완벽하게 작성할 수 있고, 내가 회사에 정말 관심이 많다는 것을 어필할 수 있다.

지원동기는 면접 합격의 확률을 많이 높여줄 수 있는 '끝 인상 결정자'이다. 자신의 경험과 배운 점을 회사에서 주력하고 있는 사업과 잘 연결해서, '나는 이미 이 회사와 긴밀하게 연결되어 있다.'라는 것을 강력하게 어필하면 좋은 점수를 받을 수 있다.

4
면접관 공통질문 유형 3 :
'장단점' 답변 작성법

'장단점' 답변은 면접 페이스를 유지할 좋은 기회다

장단점은 빈도가 높게 나오는 공통질문이므로 답변 스크립트를 작성해 두어야 한다. 이 질문은 보통 임원 면접에서 자주 나온다. 지원자의 인성을 평가하기에 좋은 질문이기 때문이다. 현재 자신의 장점을 정확하게 파악하고 활용하고 있는지, 그리고 단점을 커버하기 위해 어떤 노력을 하고 있는지를 확인할 수 있다.

지원자는 자신의 장단점을 충분히 생각한 후 면접에 유리하게 작용할 것 같은 내용을 담아 답변 스크립트를 작성해야 한다. 자신이 생각하는 장단점을 아무거나 작성하면 안 된다. 내가 가진 성격 중 직무와 잘 연결될 장단점을 활용하는 것이 좋다.

장단점 질문에 어떻게 답변하느냐에 따라 면접관에게 많은 의미를 줄 수 있다. 특히 임원 면접 때 자신을 더 강하게 어필할 좋은 기회가 된다.

장단점을 단조롭게 나열하듯이 언급하면, 절반 정도의 면접관은 한 귀로 흘려듣고 다음 질문으로 넘어간다. 실전 면접에서 면접관이 추가 질문을 하지 않고 다음 공통질문으로 넘어간다면, 면접관의 마음에 드는 답변을 하지 못한 것이다. 다시 말해 면접관은 지원자에 대해 더 궁금해지지 않는다.

절반 정도의 면접관은 장점을 증명할 수 있는 경험이나 사례를 말해보라고 요구한다. 많은 지원자가 이 질문을 듣고 당황한다. 이 질문에 대한 답변을 미처 준비하지 않았기 때문이다. 관련 경험을 떠올리느라 시간을 끌게 되고, 어쩌다 경험이 생각나서 답변해도 빈틈이 많이 보이는 답변을 할 수밖에 없다. 집요한 면접관들은 그 틈을 놓치지 않고 계속 공격한다. 이때부터 지원자는 면접관의 페이스에 말려들기 시작한다.

그래서 지원자는 면접의 주도권을 계속 자신에게 가져오기 위해 장단점 질문에 대한 답변을 잘 준비해야 한다. 단순히 장단점의 나열에 그치는 것이 아니라, 이를 뒷받침하는 증거가 될 간단한 사례를 제시하면서 지원 직무와 잘 엮어야 한다.

내 주장을 뒷받침할 사례가 있는 답변은 면접관에게 '준비된 인재'라는 인식을 심어줄 수 있다. 그와 동시에 면접관의 집요한 질문 세례에 휘말리지 않고, 계속 자신의 페이스대로 면접을 끌어갈 기회를 얻을 수 있다.

장단점 답변 스크립트

장단점 답변 스크립트에도 기본 뼈대가 있다. 이 뼈대를 잘 참고해서 자신만의 장단점과 관련 사례를 풀어나가면 된다. 아래 뼈대를 먼저 확인해보자.

[장단점 뼈대]

\# 직무상 장점

저는 ○○(직무 관련 활동)를 통해 ○○(지원 직무) 역량을 키웠습니다.

⇒ (직무역량 언급)

이 활동에서 ○○(활동 과정)를 했고, ○○(배운 점)를 배웠습니다.

⇒ (직무 관련 경험)

그래서 저는 업무를 수행하기 위한 직무적 역량을 갖추었습니다.

\# 성격상 장점

○○(지원 직무)를 수행할 때 ○○(필요한 능력)가 중요한 능력이라 생각합니다.

⇒ (자신이 생각하는 업무를 수행할 때 필요한 능력)

그 점에서 저는 ○○(자신의 장점) 장점이 있습니다.

⇒ (나의 장점)

그 사례로 ○○(관련 사례)를 얘기하고 싶습니다. ○○(활동)를 하면서 ○○(과정)를 했고, 그 결과로 ○○(결과물)를 해낼 수 있었습니다.

⇒ (장점을 뒷받침하는 경험 사례 – 디테일하게)

이 점이 저의 장점이라고 생각합니다.

단점

저의 단점은 ○○(단점)입니다.

⇒ (나의 단점)

하지만 저는 이 단점을 오히려 기회로 만들고 있습니다. 저는
○○(해결하는 방식)로 해결하려 하고 있습니다.

⇒ (극복 방법)

그 사례로 ○○(사례)를 말하고 싶습니다. ○○(활동)를 하면서
○○(과정)를 했고, 그 결과 ○○(결과물)를 했습니다. 앞으로도
계속 해결하려고 노력할 것입니다.

⇒ (극복 방법을 뒷받침하는 경험 사례 – 디테일하게)

나는 '직무상 장점', '성격상 장점', '단점' 이렇게 세 가지로 뼈대
를 구성했다. 면접관이 나의 직무 관련 역량을 지속하여 떠올릴 수
있도록 직무상 장점을 맨 앞단에 구성했다.

이어서 답변의 핵심인 성격상 장점을 제시했다. 단순히 어떤 장점
이 있는지에 그치는 것이 아니라, 그 장점을 어떻게 활용했는지에 대
한 사례를 제시했다. 그 장점이 실무에서 왜 필요한지에 대한 언급도
간단하게 짚고 넘어갔다. 나의 장점이 직무를 수행하면서 꼭 필요하
다는 당위성을 줄 수 있었다.

단점은 마지막에 배치했다. 단점이라는 것은 지원자에게 플러스가 되는 요소는 아니다. 그래서 "이런 단점이 있지만 이를 해결하기 위해 ○○ 사례와 같은 노력을 했다."로 끝내는 것이 좋다. 그러면 자신의 단점을 솔직히 드러내면서도 그 단점을 커버하기 위해 열심히 노력하고 있다는 인상을 심어줄 수 있다. 다만 그 단점을 극복했다고 하면 안 된다. 그것이 거짓말이라는 것을 면접관도 알고 있다. 단점 커버를 위해 노력한 경험까지만 간략하게 이야기하고 넘어가야 한다.

뼈대의 구성은 자신의 스타일에 맞게 자유롭게 구성하면 된다. 성격상 장점을 강조해도 되고, 직무 관련 장점을 강조해도 된다. 다만 답변의 핵심은 '자신의 장단점을 증명할 수 있는 뒷받침 경험 사례'이다. 이 내용이 꼭 들어가야 한다. 그래야 자신의 답변에 강한 신뢰를 줄 수 있고 힘을 실을 수 있다.

작성 예시

내가 작성한 실제 예시를 한 번 살펴보겠다.

장단점 (예시)

직무상 장점

저는 산업공학 전공으로 빅데이터 관련 다양한 수업을 수강했습니다.

인턴십에서 현업 데이터를 다뤄본 경험이 있어 현업 실무에 대한 사전 준비가 되어 있습니다.

성격상 장점

데이터 분석 직무를 수행할 때 끊임없이 가설을 세우고, 데이터 안에서 의미 있는 결과를 도출하여 새로운 전략을 제시하는 것이 중요하다고 생각합니다.

그 점에서 저는 끈기가 있고, 목표가 생기면 몰입하고 집중하여 포기하지 않고 최상의 성과를 내기 위해 노력합니다.

이와 관련한 저의 사례를 언급하고 싶습니다. 저는 인턴십을 할 때 하나의 빅데이터 셋을 받았습니다. 거대한 데이터의 늪에서 어떻게 분석해야 할지 무척 고민스러웠습니다. 하지만 포기하지 않고 도전하여 데이터 안에서 유의미한 인사이트를 찾아냈고, 그 결과 고객군 별로 특정 상품을 추천 개인화하는 전략을 세울 수 있었습니다.

단점

저의 단점은 걱정이 많다는 것입니다. 처음에는 부정적으로만 생각했지만, 지금은 긍정적으로 활용할 수 있다고 생각합니다. 제가 걱정이 많은 이유는 신중하고 실수 없이 철저하게 하려는 습관 때문입니다. 그래서 어떤 일을 할 때 모든 위기 가능성을 열어두고 항상 플랜 B · C를 세워서 문제가 발생해도 유연하게 대처할 수 있는 해결책을 마련하려고 합니다.

나의 성격을 토대로 예시를 작성해봤다. 위에서 언급했듯이 장단점 답변 스크립트를 작성할 때의 핵심은 '장점을 증명할 수 있는 사례 제시'이다. 단순히 장점 나열에 그치지 않고, 그것을 뒷받침할 수 있는 경험을 같이 제시하는 것이 좋다. 그래야 면접관도 지원자의 주장에 신뢰를 두고 들을 수 있다.

만약 사례를 제시하지 않으면 지옥의 면접관 질문 세례에 빠지게 될 수도 있다. 면접관의 공격에 말려들지 않도록 선수를 치는 것이 중요하다. "저는 직무와 관련해 좋은 장점이 있고, 이를 뒷받침할 증거도 충분히 있습니다."라고 강하게 어필함으로써 면접관이 지원자를 검증할 때 단계를 덜 거치도록 하는 것이 중요하다. 단계를 덜 거친다는 것은 시간을 절약한다는 것이고, 다른 질문을 통해 지원자의 역량을 더 충분히 어필할 수 있는 시간이 주어진다는 뜻이다.

그러므로 장단점 답변 스크립트 준비 및 암기를 완벽하게 함으로써 면접관에게 휘둘리지 않으면서도 자신의 페이스를 계속 가져올 기회를 잡아야 한다.

결론

'1분 자기소개'와 '지원동기'가 가장 중요하다는 점은 맞다. 이 두 질문에 어떻게 답변하냐에 따라 지원자의 첫인상과 끝 인상이 결정되기 때문이다.

하지만 긴장을 많이 한 탓에 1분 자기소개나 지원동기를 제대로 답변하지 못했다고 해서 당황할 필요는 없다. 높은 성공률은 아니지만, 면접에는 '반전'의 기회가 항상 있다. 그중 하나가 바로 이번 장에서 설명한 '장단점' 답변이다.

1분 자기소개에서 좋은 첫인상을 주지 못했다 해도, 장단점 질문에 대한 답변을 잘하면 자신의 이미지를 반전시킬 수 있다. 지원자에 대한 이미지가 반전되면, 그 신호로 면접관의 반응이 분명히 올 것이다. 예를 들어 장단점 답변과 관련해 지원자의 역량을 검증할 수 있는 추가 사례를 하나 더 제시하라고 질문할 수 있다. 이 신호는 면접관이 지원자에 대해 궁금해졌다는 의미다. 이때를 기회 삼아 자신의 역량을 증명할 수 있는 경험을 제시하며 어필해야 한다. 그러면 첫인상을 반전시킬 수 있고, 좋은 끝 인상을 느끼도록 지원동기에 힘을 실어줄 수 있다.

5
면접관 공통질문 유형 4 :
'협업 경험' 답변 작성법

협업 경험 질문의 의도

면접 답변 스크립트의 마지막은 '협업 경험'이다. 협업 경험은 실무진 면접과 임원 면접에 자주 나오는 단골 질문이다. 보통 자기소개서에 적혀 있는 경험은 준비된 답변이라는 것을 면접관도 어느 정도 알고 있다. 그래서 자기소개서에 있는 경험이 아닌 다른 경험을 물어봄으로써 지원자의 진짜 협업 능력을 평가하려고 한다.

준비되지 않은 답변이라면 지원자는 경험을 포장할 시간이 없어서 솔직하게 말하게 된다. 그러면 지원자의 진실한 모습이 나온다. 정말 다른 사람과 협업하는 능력이 좋은 지원자인지 그렇지 않은지를 쉽게 파악할 수 있다.

협업 경험 답변은 장단점 답변처럼 면접관에게 좋은 인상을 줄 기회다. 1분 자기소개를 잘하지 못했다면 반전의 기회가 될 수 있고, 1분 자기소개를 잘했다면 좋은 인상을 더 강화해서 합격률을 높일 수 있다.

면접관은 협업 경험 질문을 통해 두 가지를 확인하고 싶어 한다. 첫째는 무책임한 프리라이더가 아닌지 확인한다. 만약 지원자가 언급한 경험에서 지원자의 역할이 두드러지지 않았다면 좋지 않은 답변이다. 면접관이 지원자를 프리라이더로 분류할 수 있다.

둘째는 다른 사람과 원만하게 같이 일할 수 있는지 확인한다. 보통 대부분의 경험에는 크든 작든 갈등요소가 있다. 면접관도 갈등이 담긴 경험을 듣고 싶어 한다. 심지어 콕 집어서 갈등이 있었던 협업 경험을 말하라고 하기도 한다. 그 갈등을 지원자는 어떻게 해결했는지를 중점적으로 본다. 만약 지원자가 그 갈등을 유연하게 해결했다고 생각하면 리더십, 소통 능력에 좋은 점수를 주지만, 반대로 마음에 들지 않았다면 감점 요소가 된다.

그래서 협업 경험 역시 미리 답변 스크립트를 작성해서 완벽하게 암기할 필요가 있다. 이 질문에 대한 답변을 통해 우리는 두 가지를 얻을 수 있다. 만족스러운 답변을 한다면 책임감과 소통 능력 있는 지원자로 평가될 수 있다. 이것은 임원이 매우 중요하게 평가하는 요소다. 책임감 있게 일을 처리하고, 다른 사람과의 커뮤니케이션 능력이 좋은 사람이 신입사원에게 꼭 요구되는 자질이기 때문이다.

협업 경험 답변 스크립트

협업 경험 답변 스크립트를 쓸 때의 핵심은 '갈등요소'를 꼭 넣어주는 것이다. '협업을 하는 데 특정 갈등 상황이 유발됐고, 그 어려운 상황을 자신이 어떤 식으로 해결했다.'가 담겨 있어야 한다. 갈등 상황 없이 어떤 일을 맡아서 결과가 좋게 나왔다고 끝내면 안 된다. 그러면 내용의 기승전결이 없어서 지루할 뿐 아니라, 지원자에게 정말 협업 능력이 있는지 제대로 된 평가를 할 수 없다.

일단 협업 경험 답변 스크립트의 뼈대를 보자.

[협업 경험 뼈대]

○○(내가 얘기하고 싶은 경험/상황) 했던 경험이 있습니다.

⇒ (경험 제시)

○○(어떤 갈등이었는지) 한 갈등이 있었습니다.

⇒ (경험 속 갈등 언급)

그 갈등으로 인해 ○○(갈등의 구체적 내용) 했습니다.

⇒ (갈등 구체적으로 언급)

저는 ○○(갈등)에 대한 원인과 해결 방법을 찾으려고 노력했습니다.

⇒ (원인 찾기)

○○(갈등 원인)가 원인이라 생각하여 ○○(해결 방법)로 해결했습니다.

⇒ (해결 방법을 찾기 위한 과정)

그래서 ○○(완성된 좋은 결과물) 결과를 얻을 수 있었습니다.

⇒ (좋은 결과물)

이런 식으로 명확하게 뼈대를 구성하면 된다. 답변할 때 꼭 가져가야 할 흐름은 다음과 같다. 어떤 상황이었는지 간략히 소개한 후에 핵심 갈등 상황을 언급한다. 그리고 그 갈등 상황을 해결하기 위해 어떤 노력을 했는지를 자세하게 이야기한다. 해결 방법을 구체적으로 밝혀야 지원자의 말에 무게가 실린다. 두루뭉술하게 말하면 정말 사실인지 확인해보려고 집요하게 질문 세례를 퍼붓는다.

한 가지 더 중요한 것은 '결과물'이다. 협업 경험에서 나온 결과물은 무조건 좋은 결론으로 끝내야 한다. 열심히 해결하려고 노력했지만 실패로 돌아갔다는 내용은 전혀 좋지 않다. 결과가 안 좋게 끝났다면 그것을 해결하기 위한 과정과 노력 역시 좋게 평가할 수 없다. 그러므로 실패한 경험이 아니라 갈등 상황을 해결한 좋은 경험을 제시하는 것이 좋다.

작성 예시

위 뼈대를 활용한 예시를 작성해보겠다.

협업 경험 (예시)

사업 비즈니스 모델 기획 관련 팀 프로젝트를 수행한 적이 있습니다. 일하면서 크게 두 가지 어려움이 있었습니다.

첫 번째는 서로 모르는 사람들끼리 진행한 점입니다. 초반에는 제대로 친해질 시간이 없어서 각자의 업무만 했습니다. 하지만 제 할 일을 하지 않는 사람이 생기거나 커뮤니케이션이 제대로 이루어지지 않는 상황이 발생했습니다. 저는 팀원 간의 친밀함과 소통 부재가 원인이라 생각하였습니다. 제일 먼저 해야 할 일은 서로를 이해하는 시간을 갖는 것이라고 생각했습니다. 그래서 아이스 브레이킹을 하면서 서로 간의 벽을 허무는 시간을 가졌습니다. 그 후 업무 집중도가 자연스럽게 높아지고 소통도 활발하게 이루어졌습니다.

두 번째는 의견 충돌이었습니다. 제가 생각한 의견과 다른 팀원의 의견이 달랐습니다. 팀원들의 의견을 곰곰이 살펴보며 자세히 들여다본 결과, 제 의견과 팀원의 의견이 함께 녹아든 절충안이 생각났습니다. 그래서 팀원들에게 새로운 방식을 제시하여 모두 만족하는 최종 결과물을 얻을 수 있었습니다.

위 예시는 어떤 갈등 상황이 있었는지를 명확히 제시한다. 그 갈등 상황을 해결하기 위해 어떤 노력을 했는지 구체적으로 작성한 것을 확인할 수 있다. 이런 식으로 답변 스크립트를 작성하면 된다.

결론

첫 장에서 강조했듯이 면접은 철저한 암기다. 면접 답변 스크립트를 완벽하게 작성한 후에 끊임없이 반복해서 암기해야 한다. 그래야 실전 면접에서 떨지 않고 연습한 대로 말할 수 있다.

중요한 것은 자신의 페이스를 유지하면서 면접관을 끌어당기는 것이다. 철저한 준비와 암기를 통해 면접관의 질문을 모두 예상 범위 내에 놓고, 면접관이 그 영역 안에서만 질문하도록 자신의 페이스로 당겨와야 한다.

면접관이 내 영역 안에서만 행동하게 하려면, 더욱더 이 4개의 공통질문 유형 답변 스크립트가 중요하다. 1분 자기소개로 자신 있게 어필할 수 있는 경험을 미끼로 제시한다. 면접관이 그 미끼를 물면 지원동기를 통해 회사에 대한 강한 관심을 어필하고 끝 인상 굳히기에 들어간다. 그다음에 장단점 답변과 협업 경험 답변을 활용해 나의 강점과 역량을 충분히 어필해야 한다.

6
면접의 종류

면접의 종류와 면접관의 스타일은 다양하다

나는 지원한 기업들 가운데 면접까지 진출한 곳이 꽤 많았다. 그래서 많은 회사에서 면접을 보았다. 면접을 보고 나면 항상 두 가지를 느꼈다.

첫째는 면접관마다 진행 스타일이 조금씩 다르고 성격도 다양하다는 것이다. 집요하게 꼬리를 물며 나를 끊임없이 압박하는 까다로운 스타일의 면접관이 있었고, 반대로 내가 긴장하지 않도록 최대한 편한 분위기를 만들어주고 답변을 잘 경청해주는 면접관이 있었다.

하지만 좋은 면접관을 만나는 것은 어디까지나 운이다. 그리고 면접관의 성격이 지원자의 합격 여부에 영향을 미치지 않는다. 좋은 면접관이라고 해서 점수를 더 후하게 주지도 않고, 끊임없이 압박을 준 면접관이라고 해서 점수를 짜게 주지도 않는다. 점수는 회사에서

정한 원칙에 따라 부여하므로 오로지 지원자의 면접 태도와 답변 내용만이 합격과 불합격을 가를 수 있다.

둘째는 회사에서 진행하는 면접 종류가 다양하다는 것이었다. 나는 지원자의 역량을 검증할 수 있는 모든 종류의 면접은 다 경험해봤다. 실무진 대면 면접, 임원 면접 같은 제일 일반적 면접부터 외국어 면접, 그룹 토의 면접, 토론 면접 등을 경험해보았다.

같은 종류의 면접이라고 해서 진행방식이 같지도 않았다. 예를 들어 실무진 면접의 경우 면접관과 지원자의 질문 답변 형식의 대면 면접만 진행한 기업이 있고, 사전과제를 1시간 동안 푼 후, 면접관 앞에서 결과물을 발표하는 발표 면접을 진행한 기업도 있었다. 외국어 면접의 경우 여러 외국인과 자유롭게 대화를 나누며 평가하는 면접이 있고, 정해진 질문에 따라 답변하는 면접이 있다.

면접관마다 스타일이 매우 다양하고 면접의 종류도 다양하므로 면접을 준비하는 취업 준비생에게 면접은 무척 피곤한 일이다. 하지만 면접의 종류와 진행방식의 큰 틀을 이해하고 접근하면 준비하기가 수월해진다. 그래서 지금부터 내가 정리한 방식대로 면접의 종류를 하나하나 알아보려고 한다.

면접의 종류 네 가지

면접의 종류는 크게 네 가지 카테고리로 나눈다. 실무진 면접, 임원 면접, 토론/토의 면접, 외국어 면접이다. 각각에 대해 하나씩 살펴보자.

1) 실무진 면접

실무진 면접은 또 두 가지 방식으로 나뉜다. 실무진 대면 면접과 실무진 발표 면접이다.

1-1) 실무진 대면 면접

실무진 대면 면접은 면접관이 지원자의 역량을 질문으로 검증하는 면접이다. 오로지 공통질문과 자기소개서에 기반을 둔 질문만으로 지원자의 역량을 검증하다 보니 질문을 많이 하게 된다. 약 20~30분 정도 진행하는데, 꼬리 질문을 포함해 약 10개 이상을 질문한다. 한 명을 평가하는 데 30분이 너무 길지는 않을까 싶지만, 몇 번의 대면 면접을 겪어본 결과 30분은 정말 빠르게 지나간다. 쏟아지는 질문 세례에 정신없이 답변하다 보면 어느새 30분이 지나가 있다.

실무진 대면 면접은 두 가지 종류의 질문을 한다. 첫째는 공통질문이다. 둘째는 자기소개서에 기반한 꼬리 질문이다. 공통질문 이후에 자기소개서에 적혀 있는 경험을 중심으로 지원자의 역량을 검증하는 꼬리 질문을 한다.

1-2) 실무진 발표 면접

실무진 발표 면접은 지원자가 사전에 주어진 과제를 푼 후, 면접관 앞에서 발표하고 면접관이 질의응답으로 지원자의 역량을 검증하는 면접이다. 실무진 발표 면접에는 면접 전 사전과제가 있다. 30~60분 정도 과제할 시간을 준다. 큰 종이에 결과물을 작성하라고 하는 기업이 있고, 컴퓨터 PPT 파일로 작성하라는 기업이 있다.

제한 시간 내에 과제를 다 마치면, 면접장에 들어가 발표를 진행한다. 발표를 진행한 후, 면접관은 궁금한 점을 질의한다. 대면 면접과 동일하게 20~30분 정도 진행한다. 그런데 5~7분 정도를 발표하는 데 쓰다 보니, 실제 체감 시간은 대면 면접보다 짧다.

2) 임원 면접

임원 면접은 기업의 임원이 면접관으로 참여해서 지원자의 인성과 역량을 검증하는 면접이다. 실제 자신이 지원한 직무의 실무진이 아닌 회사의 경영을 담당하는 임원이다 보니, 역량 검증을 하는 질문은 구체적으로 하지 않는다. 그래서 보통 공통질문 패턴 내에서 질문하는 편이다. 어떤 임원은 회사나 산업의 미래와 관련하여 자기 생각을 요구하는 질문을 한다. 이때는 회사에 입사하지도 않은 지원자 입장에서 조금 난감하긴 하지만, 최대한 기업분석 내용을 바탕으로 유연하게 답변하는 것이 좋다.

3) 토론/토의 면접

대부분의 대기업은 실무진 면접과 임원 면접에서 끝이 난다. 그런데 특정 기업은 토론/토의 면접까지 보기도 한다.

토의 면접은 제시된 주제에 대해 팀원들과 토의하여 하나의 결과물을 만들어낸 후 발표하는 면접이다.

토론 면접은 찬성팀과 반대팀으로 나눈 뒤 팀끼리 토의한다. 토의

한 결과를 토대로 찬성팀과 반대팀이 적극적으로 토론하여 팀의 주장을 설득력 있게 제시한다.

내 경험으로 보아 사실상 토론 면접을 하는 곳은 거의 없었지만, 토의 면접은 몇 곳 있었다. 그래서 취업 준비를 할 때 토의 면접의 진행방식에 대해 이해하고 있어야 한다. 토의 면접은 뒷장에서 구체적으로 다뤄보겠다.

4) 외국어 면접

마지막 면접 카테고리는 외국어 면접이다. 외국어 면접은 지원자의 외국어 역량을 평가하는 면접이다. 두 가지 방식이 있다. 첫째는 정해진 주제 없이 10분간 자유롭게 대화하는 방식이다. 주말에 뭐 했는지? 서울에서 추천하고 싶은 관광지가 있는지? 등 다양한 소재로 폭넓게 대화한다.

둘째는 정해진 주제가 있는 방식이다. 예를 들어, 외국인이 지문한 문단을 읽어준다. 그러면 지원자는 그 지문을 듣고 난 후 자신이 이해한 방식대로 요약해서 답변한다. 내용이 어렵지 않으므로 큰 어려움 없이 해결할 수 있다.

또 다른 예로 '그래프/수치 해석'이 있다. 어떤 주제에 대해 그래프/수치가 적힌 자료 하나를 준다. 지원자는 그 자료를 읽고 나서 자신만의 방식대로 요약해서 답변하면 된다. '상승/하락/비율' 같은 영어 단어를 알고 있으면 충분히 해결할 수 있는 문제다.

외국어 면접에서 답변을 막힘없이 하는 것이 중요하지만, 그보다 더 중요한 것이 있다. 바로 자신감이다. 특정 단어가 갑자기 생각 안 나도 일단 자신이 하고 싶은 얘기를 자신 있게 하는 것이 중요하다. 자신감이 있어 보이면 실력이 보통이어도 잘하는 것처럼 느껴진다. 면접이라는 이유로, 외국인 앞이라는 이유로 위축되어 자신감 없는 모습을 보인다면 좋은 평가를 받을 가능성이 작아진다.

결론

외국어 면접의 경우 OPIc/TOEIC SPEAKING 점수로 대체하기도 한다. 토론 면접을 진행하는 기업은 적다. 그래서 실질적으로 취업 준비생이 열심히 준비해야 하는 면접은 실무진 면접, 임원 면접, 그룹 토의 면접 세 가지다.

7

실무진 대면 면접
진행방식 및 전략

면접의 1차 관문 : 실무진 면접

면접 전형은 다른 전형과 달리 한 번에 끝나지 않는다. 삼성 그룹은 실무진 면접, 창의성 면접, 임원 면접을 하루에 다 끝내지만, 삼성을 제외한 대기업은 실무진 면접과 임원 면접을 나눠서 본다. 보통 1차로 실무진 면접을 하고, 그 면접에 통과한 사람을 대상으로 2차(최종) 임원 면접을 한다. 최종 합격에 다다르기 위해서는 두 관문을 통과해야 한다.

첫 번째 관문이 바로 실무진 면접이다. 실무진 면접은 말 그대로 지원자의 직무역량을 평가하는 면접이다. 지원자가 지원한 직무에 걸맞은 역량을 잘 갖추고 있는지 심도 있게 평가한다. 그래서 면접관도 지원자가 지원한 직무와 관련한 현업 실무자 세 명으로 구성된다. 합격하게 되면 그들과 같이 일할 가능성이 크다. 면접관으로서도 같이 일할 수 있는 유능한 인재를 뽑고 싶기에 질문과 과제를 통해 지원자를 검증한다.

취업 준비생들에게 한가지 해주고 싶은 말은, 실무진 면접이라고 해서 너무 겁먹을 필요가 없다는 것이다. 그들도 사람이고 평범한 직장인이다. 그들이 면접을 보는 목적은 같이 일하고 싶은 좋은 지원자를 찾아내기 위함이지, 지원자를 혼내고 가르치려는 것이 아님을 기억해야 한다. 자신감을 가지고 임하면 긍정적 인상과 함께 좋은 결과를 얻을 수 있다.

이제 본격적으로 실무진 면접의 진행방식을 이야기하려고 한다. 실무진 면접에는 두 가지 방식이 있다. 실무진 대면 면접과 실무진 발표 면접이다. 이번 장에서는 실무진 대면 면접에 대해 자세히 짚고 넘어가겠다.

실무진 대면 면접 진행방식 및 전략

실무진 대면 면접은 면접관이 지원자의 실무 역량을 질문으로 검증하는 면접이다. 보통 20~30분 동안 진행되며, 면접관 세 명이 지원자 한 명을 평가한다.

실무진 대면 면접은 실무진 발표 면접과 달리 사전에 과제를 준비하거나 준비물을 챙겨야 하는 것이 아니다. 대신 다양한 질문이 있다. 전공에 관한 기초 지식부터 자기소개서에 작성한 자신의 경험, 직무 관련 이슈에 관한 생각까지 묻는 등 질문의 폭이 넓다.

내가 지원했던 A 기업(데이터 사이언스 직무)에서 이런 질문을 받왔다. "표준편차, 중심극한정리에 관해서 설명해라." 직무역량을 평가하기 위해 기초 통계 지식에 관해 물어본 것이다. 그다음 질문은 "통계학과와 비교해 자신이 내세울 수 있는 강점을 말하라."였다. 질문의 요지는 비슷비슷한 스펙을 가진 지원자들 중 자신만의 차별점이 무엇인지 말하라는 것이었다. 그다음으로 자기소개서에 적힌 인턴십 경험을 깊이 있게 물어보았다. 어떻게 일을 진행했는지, 어떻게 팀에 기여했는지, 결과는 어땠는지 등 인턴십을 통해 어떤 역량을 키웠는지를 평가하려고 했다.

질문의 폭이 넓다고 해서 전혀 예상치 못한 질문이 나올까 걱정할 필요는 없다. 모든 면접 질문은 패턴 내에서 움직인다. 앞장에서 설명한 '면접관 공통질문 유형 네 가지'에 대한 답변 암기 스크립트를 철저히 준비한다면, 일단 50%는 성공한 것이다. 지원자가 의도한 대로 면접관이 공통질문 답변에 대한 미끼를 물고 꼬리 질문을 시작하면, 지원자는 이제 자신이 작성한 예상 질문 답변 스크립트를 바탕으로 답변을 풀어나가면 된다. 그래서 실무진 대면 면접은 철저히 설계된 계산으로 준비해야 한다. 그래야 예상치 못한 질문에 흔들림 없이 답변할 수 있다.

예를 들어 이런 식으로 진행된다. 내가 '1분 자기소개'에서 인턴십을 강조하며 나의 역량을 강조했다고 하자. 그러면 면접관은 역량 검증을 위해 무조건 인턴십 경험에 대해 꼬리 질문을 시작할 것이다. 면접관은 다음과 같이 질문한다. "인턴십에서 구체적으로 어떤 업무를 했나요?" 이 질문은 나의 예상 질문 답변 스크립트에 있다. 왜냐하면 '1분 자기소개' 미끼로 면접관을 '인턴십 경험' 영역으로 끌어왔기 때문이다. 이에 관한 답변 스크립트는 철저히 준비했으니, 일단 면접관을 이 영역으로 데리고 오면 어떤 질문이든 나의 예상 범주 안에서 해결할 수 있다.

실무진 대면 면접의 핵심은 면접관을 내 영역 안으로 끌고 오는 것이다. 면접을 시작할 때 받는 첫 질문인 자기소개부터 미끼를 깔아놓고, 면접관이 다가올 때까지 기다린다. 면접관이 미끼를 물면 지원자가 준비한 답변 영역 안으로 계속 당기는 것이다. 겉으로 보기에 면접관이 지속해서 지원자를 압박하는 것 같지만, 사실 면접의 주도권은 지원자에게 있는 것이다.

결론

실무진 면접을 대면 면접으로 보는 기업과 발표 면접으로 보는 기업의 비율은 반반으로 보면 된다. 그래서 하나의 방식만 준비할 수는 없다. 두 가지 방식 모두 진행방식과 전략을 잘 이해해야 한다. 다음 장에서는 실무진 발표 면접에 대해 알아보겠다.

8
실무진 발표 면접
진행방식 및 전략

난이도가 낮아서 겁먹을 필요 없는 실무진 발표 면접

나는 대면 면접보다 발표 면접을 더 선호한다. 대면 면접은 30분 동안 쉬지 않고 질문 세례를 받아야 한다. 면접을 치르는 지원자에게 피곤한 면접이다. 약 10개의 질문, 또는 그 이상의 질문에 답변해야 하기 때문이다. 그래서 대면 면접이 끝나면 항상 진이 빠진다. 당시에는 정신없이 답변해서 제대로 답변한 것인지, 만족스럽게 답변한 것인지 복기하는 것도 힘들다.

반면에 발표 면접은 나의 역량을 검증하기에도 수월하고, 긴장만 덜 한다면 오히려 대면 면접보다 수월하다. 그리고 발표 면접이다 보니, 몇 번 연습하고 실전 경험을 할수록 실력이 조금씩 개선된다. 그래서 맨 마지막에 본 발표 면접은 깔끔하게 발표한 뒤 날카로운 질문을 유연하게 받아칠 수 있었다.

내가 발표 면접을 더 쉽다고 한 이유는 과제 난이도 때문이다. 실무진 발표 면접을 치르면서 다양한 유형의 과제를 만났다. 그런데 내가 겪은 발표 면접의 과제는 모두 어렵지 않았다. 전공 기초 지식만 있어도 무난하게 풀 수 있는 수준이었다.

이처럼 전체 진행방식과 과제 푸는 방법만 잘 이해하고 있다면 발표 면접은 무난히 치를 수 있다. 본격적으로 실무진 발표 면접 진행방식에 대해 알아보자.

실무진 발표 면접 진행방식 및 전략

실무진 발표 면접에서는 면접 전에 직무 관련 사전과제를 준다. 그 과제를 풀고 발표를 위한 장표 혹은 PPT를 만들 때까지 30~60분의 제한 시간을 부여한다. 1시간이 충분할 것 같지만 생각만큼 그렇지 않다. 과제를 푸는 것뿐 아니라, 과제를 어떻게 풀었는지에 대한 과정도 설명하는 발표 자료를 만들어야 하기 때문이다. 1시간 동안 자료를 만든 후에 발표 면접에 들어가서 준비한 내용을 발표하고, 면접관이 질문하는 형식으로 진행된다.

기업마다 과제 유형이 조금씩 다르겠지만, 일반적으로는 큰 논제 하나에 여러 개의 꼬리 질문이 달린 형태다. 직무 과제가 어려워서 못 풀지 않을까 걱정할 필요는 없다. 지원한 직무 관련 전공을 졸업했거나 대외활동으로 지식을 쌓았다면 충분히 풀 수 있는 문제로 구성되어 있다.

내가 경험한 발표 면접 과제를 조금 변형해서 예로 들어보겠다. 나는 이런 사전과제를 받았다. (데이터 사이언스 직무용 과제다. 직무마다 과제 내용은 조금씩 다르다.)

회사 A가 자동차 신제품을 출시했다. 이 제품을 고객들에게 프로모션하여 매출을 올리고 싶다. 두 고객을 대상으로 한다. 첫째는 기존 A 회사 제품을 쓰던 고객이다. 둘째는 경쟁사 회사 제품을 쓰던 고객이다. 개인 맞춤형 마케팅을 하기 위해 어떻게 데이터를 활용해야 할까?
현재 보유하고 있는 데이터 셋은 다음과 같다. 데이터 셋: 고객 번호, 고객 구매 제품, 고객 구매 금액 등.

질문 1) 어떤 변수들을 분석할 때 사용할 것인가?
질문 2) 어떤 분석을 진행할 것인가?
질문 3) 추가 데이터를 쓸 수 있다면, 어떤 데이터를 추가로 활용할 것인가?

나는 내가 배운 전공 지식과 인턴 경험을 활용해서 문제를 풀었다. 참고로 데이터 사이언스, 재무/회계, 기계/전자와 같이 기술 지식에 특화한 직무는 과제에서 요구하는 내용이 깊을 수도 있다. 반면에 그 외 직무는 특정 답을 요구하는 문제나 기술적 지식을 물어보는 과제가 아니라, 어떤 논제 및 이슈에 대해 자기 생각과 제안을 물어보는 과제를 낼 확률이 높다.

발표 면접에 들어가서 준비한 자료를 발표하고 난 후에, 면접관이 질문하기 시작한다. 보통 발표는 5~10분 정도이고, 면접관 질문이 20분 정도이다. 발표 자료 중 궁금했던 것을 면접관이 10분 정도 질문한다. 나는 이런 질문을 받았다. "왜 이 분석을 선택했는가?", "다른 분석과 비교해 어떤 장점이 있는가?", "실제 외부 데이터 셋을 활용해본 경험이 있는가?" 그 후 나머지 10분은 자기소개서를 기반으로 질문했다. 실무진 발표 면접 방식도 자기소개서를 기반으로 질문한다. 실무진 대면 면접 방식보다 덜 질문하되, 자기소개서에 작성한 경험 위주로 직무역량을 검증한다.

결론

실무진 면접은 임원 면접과 달리 실제 현업에서 일하고 있는 실무자이자 면접관이다 보니 지원자의 역량을 검증하기 위해서 압박 질문을 하는 경우가 많다. 그래서 면접이 끝났을 때 직무 면접을 망쳤다고 하는 지원자도 있고, 잘 본 것 같다고 하는 지원자도 있다. 그런데 면접 진행이 압박이었다고 해서 면접을 못 본 것도 아니고, 평이했다고 해서 잘 본 것도 아니다. 면접관은 지원자에게 표정이나 진행방식으로 절대 합격 여부를 드러내지 않는다. 그러므로 자신이 준비한 대로만 침착하게 임하면 최종 임원 면접에 진출할 수 있다.

9
실무진 발표 면접 사전과제
풀 때 활용할 규칙

실무진 발표 면접의 핵심 '사전과제'

실무진 면접 방식 중 하나인 실무진 발표 면접 방식의 '사전과제'에 대해 좀 더 자세히 알아보자. 사전과제로 보통 지문 1개가 나오고 이 지문 하나에 여러 꼬리 문제가 붙는다. 사전과제 수행의 제한 시간은 1시간이다. 문제가 3~4개 정도밖에 안 되지만 1시간은 실제로 매우 부족하다. 1시간은 발표 결과물을 만드는 것까지 포함한 시간이다. 그래서 시간 내에 완벽한 결과물을 만들기 위해서는 장표/PPT를 만드는 시간을 줄여야 한다. 그래서 어떻게 장표/PPT를 만들어야 할지 얘기해보려고 한다.

참고로 직무마다 내는 문제가 조금씩 다르다. 나는 내 직무 외에 문제를 접한 적이 없어서 모든 직무에 대해 시간 내에 장표 만드는 법을 자세히 알려주기가 어렵다. 대신 모든 사전과제에 포괄적으로

3장_면접의 주도권을 나에게 가져오는 법

적용되는 규칙과 내 직무의 사전과제 예시를 통해 발표 장표 만드는 법을 소개하겠다.

단계별 사전과제 풀 때 적용되는 규칙 두 가지

1. 준비 단계 : 키워드 위주 핵심만 넣기

사전과제를 풀 때 지켜야 할 첫째 규칙은 '키워드 위주 핵심만 넣기'이다. 내가 면접관이 되어 생각해보면 폰트, 이미지, 디자인은 중요하지 않다. 나라면 내용 구성에만 집중할 것이다. 어떤 내용을 담고 있는지가 더 중요하다. 물론 설명을 할 때 꼭 필요한 그림이나 표, 그래프라면 그리는 것이 맞겠지만, 그 외 사족은 모두 시간을 잡아먹는 함정이다. 딱 설명에 도움 될 정도로만 그려도 충분하다.

문제마다 길게 답변을 풀어쓰는 것이 아니라, 그 문제에 대한 핵심 키워드를 위주로 간결하게 작성해야 한다. 그래야 전체 결과물을 봤을 때, 면접관이 질문하기 더 쉬워진다. 질문하기 쉬워진다는 것은 좋은 기회다. 자신의 역량을 보여줄 기회가 더 많이 생길 수 있다는 뜻이다.

전체 틀도 최대한 간결하게 구성하는 것이 좋다. 나는 수행한 사전과제는 아래와 같다. 앞장에서 보여준 사전과제를 그대로 쓰겠다.

사전과제(예시)

회사 A가 자동차 신제품을 출시했다. 이 제품을 고객들에게 프로모션하여 매출을 올리고 싶다. 두 고객을 대상으로 한다. 첫째는 기존 A 회사 제품을 쓰던 고객이다. 둘째는 경쟁사 회사 제품을 쓰던 고객이다. 개인 맞춤형 마케팅을 하기 위해 어떻게 데이터를 활용해야 할까?

현재 보유하고 있는 데이터 셋은 다음과 같다. 데이터 셋: 고객 번호, 고객 구매 제품, 고객 구매 금액 등.

질문 1) 어떤 변수들을 분석할 때 사용할 것인가?

질문 2) 어떤 분석을 진행할 것인가?

질문 3) 추가 데이터를 쓸 수 있다면, 어떤 데이터를 추가로 활용할 것인가?

내가 발표를 위해 만든 장표는 딱 다섯 장이었다.

(1. 제목 페이지)

LTV 측정을 활용한 기존 고객 이탈 예측 + SNS 버즈 데이터를 활용한 자사 제품 및 경쟁사 제품 반응 평가분석

자신이 어떤 답변을 하고 싶은지를 키워드 위주로 작성해야 한다. 구체화할수록 좋다. 그리고 주제를 너무 압축할 필요는 없다.

(2. 목차 페이지)

①분석에 활용할 데이터   ②분석 방식

③추가로 활용할 수 있는 데이터

꼬리 질문에서 물음표를 지우고, 마침표 문장으로 만들면 된다.(만약 PPT가 아니라 큰 종이 하나에 쓰는 방식이면, 목차는 생략해도 된다.)

(3. 1번 질문 답변 페이지)
①구매 주기, 구매 횟수, 구매 금액 데이터 활용
②구매 품목 데이터 활용

(4. 2번 질문 답변 페이지)
①데이터 활용하여 LTV 측정 후 고객 이탈 예측
②데이터 활용하여 ITEM-BASED Filtering으로 구매 주기 임박한 기존 고객 대상 맞춤형 추천

(5. 3번 질문 답변 페이지)
SNS 데이터 크롤링 후 경쟁사 제품 및 자사 제품 반응 평가분석

이런 식으로 한 페이지당 한 문제, 꾸밈이나 이미지 삽입 없이 요점만 쓰면 된다.

2. 발표 단계 : 경험을 활용해 답변의 설득력 올리기

두 번째 규칙은 자신이 경험을 최대한 활용해 답변의 설득력을 올리는 것이다. 내가 작성한 위의 답변은 내가 인턴 때 해본 분석 프로젝트를 바탕으로 서술한 것이다. 만약 인턴십이나 팀 프로젝트 경험

없이 학교 전공 공부만 했다면 논리의 근거가 빈약할 것이다. 그렇게 분석을 하는 게 맞는 것인지 확신하지 못할 것이다. 하지만 인턴십 했을 때 진행한 분석 프로젝트를 언급하며 답변에 대한 논리적 근거를 제시할 수 있었고, 면접관의 질문에 유연하게 대응할 수 있었다.

자신의 경험과 사례를 발표 장표에 적을 필요는 없다. 장표에는 핵심만 남겨두고, 자신의 경험은 발표할 때 그 핵심을 뒷받침하는 근거로 활용해야 한다. 뒷받침해주는 경험이 인턴십이나 현업 경험(직무 관련 계약직/아르바이트)이라면 더 설득력이 있다. 대학생 수준의 동아리나 학회와 달리 현업 실무에서 비슷한 일을 해봤다는 것이므로 지원자에게 더 신뢰가 갈 수밖에 없다.

결론

지난 장과 이번 장, 두 장에 걸쳐 실무진 발표 면접의 진행방식에 대해 이해하고 사전과제를 풀 때 활용할 규칙을 알아보았다. 사전과제를 잘 풀어서 논리적으로 발표하는 것은 매우 중요하다. 자신의 역량을 증명할 과정이기 때문이다.

하지만 사전과제만 잘 푼다고 실무진 면접에 합격하지는 않는다. 사전과제 발표, 질의응답을 마친 후 10분간 진행하는 자기소개서 기반 질문도 매우 중요하다. 자기소개서 기반 질문은 실무진 대면 면접과 같다. 자신이 취업 전까지 역량을 쌓기 위해 어떤 경험과 노력을 했는지 평가받는다. 그러므로 앞장에서 자세하게 알려준 면접관 공통질문 유형에 대한 답변 스크립트를 작성하여 꼭 합격하길 바란다.

10
그룹 토의 면접 진행방식
및 평가 요소

그룹 토의 면접은 어렵지 않다

면접의 마지막 유형인 그룹 토의 면접이다. 보통 대부분의 대기업은 실무진 면접과 임원(인성) 면접 두 개를 보고 면접 전형을 마친다. 그런데 특정 기업은 '그룹 토의' 면접도 본다. 나는 SK그룹 계열사 중 한 곳을 지원했었는데 '그룹 토의 면접'을 봤다. SK그룹 계열을 지원하는 취업 준비생이라면 '그룹 토의 면접'을 볼 마음의 준비를 해야 한다.

그룹 토의 면접 진행방식

그룹 토의 면접이 어떻게 진행되는지 내 경험을 토대로 얘기하겠다. 그룹 토의 면접은 보통 지원자 6명이 한팀이 된다. 팀은 인사팀에서 무작위로 정해준다.

면접장에 가면 면접관 2명이 앉아 있다. 면접관은 6명에게 같은 내용이 적힌 종이를 하나 준다. 이 종이에는 어떤 주제를 가지고 토의할 것인지가 적혀 있다. 그룹 토의 면접의 주제가 매우 광범위하지만, 회사에서 제일 좋아하는 주제는 두 가지이다.

첫째는 신사업 기획이다. 요즘 대기업은 기존의 안정된 매출을 바탕으로 새로운 비즈니스 모델을 찾아 나가는 것에 주력하고 있다. 그래서 최근 트렌드를 잘 아는 신세대 지원자들에게 신사업 기획에 대한 인사이트를 얻고 싶어서 이 주제를 출제한다.

둘째는 기업의 브랜드 이미지를 높이는 프로젝트 또는 사업 기획이다. 매출을 올리고 성장하는 것이 중요하긴 하지만, 대기업은 대중에게 기업 이미지를 잘 형성하는 것을 매우 중요시한다. 브랜드에 대한 이미지가 곧 구매와 직결되기 때문이다. 그래서 어떻게 하면 좋은 브랜드 이미지를 형성할 수 있을지 지원자에게 새로운 아이디어를 얻고자 한다.

나는 실전 토의 면접에서 두 주제가 한꺼번에 들어 있는 과제를 받았다. 내가 경험한 토의 면접을 토대로 한 예시를 살펴보자.

토의 면접 주제(예시)

○○ 회사에서는 TV 영상 콘텐츠를 제작한다. (회사에 대한 간략한 설명) ○○ 회사의 올해 핵심 목표는 사회적 가치와 경제적 가치 상승을 동시에 달성할 수 있는 기업 이미지 브랜딩이다. 이 목표를 달성하기 위해서 현재 ○○ 회사가 주력하고 있는 사업을

중심으로 새로운 비즈니스 모델을 설계해라.

+ 관련 지문 A
+ 관련 지문 B

주제의 지문이 이런 형태로 나온다. 신사업을 기획하라고 하는 것도 있고, 기업 이미지를 높이는 기획을 요구하는 주제도 있다. 두 개를 동시에 요구하는 욕심 많은 기업도 있다.

두 가지 주제에는 공통점이 있다. 회사와 관련한 요구 사항이 담겨있다는 것이다 즉 회사에 관심을 가지고 기업분석을 한 사람이 조금 더 유리하게 토의를 이끌어 나갈 수 있다. 그래서 기업분석은 모든 취업 전형 준비의 근간이 된다. 1장 '자기소개서'에서 소개한 기업분석을 꼭 정독하기 바란다.

총 1시간을 준다. 면접관은 기본 안내사항만 알려주고 팀 토의에 개입하지 않는다. 1시간 동안 6명이 의견을 조율해서 아이디어를 발전하고, 큰 종이에 결과물을 작성해야 한다.

평가 요소

평가 요소는 두 가지이다. 결과물과 지원자의 토론 참여 과정이다. 팀원들이 협조를 잘 해주면 좋은 결과를 얻을 확률이 높다. 대체로 결과물은 팀원의 능력과 커뮤니케이션에 비례하기 때문이다.

이 면접에서 운이 차지하는 비중이 높지 않다. 두 개의 평가 요소가 각각 어느 정도 비중을 차지하는지는 기업마다 다르지만, 중요한 것은 지원자의 토론 참여 과정이다. 결과물은 팀이 공통으로 부여받는 점수이지만, 지원자의 토론 참여 과정은 개별 평가이기 때문이다. 그래서 같은 팀 내에서도 지원자 간에 점수 차이가 난다.

그래서 결과물이 다른 팀에 비해 조금 부족해도 개인 평가를 높게 받으면 합격할 수 있다. 반면에 결과물이 좋아도 개인 평가를 낮게 받으면 떨어진다. 내 그룹 면접 결과를 얘기하자면, 팀원 간의 호흡이 잘 맞고 의견 제시도 적극적으로 해서 좋은 결과물을 낼 수 있었다. 면접관들도 발표를 듣고 나서 매우 만족한다는 코멘트를 해주었다. 그래서 내가 속한 팀의 팀원들이 많이 합격할 것이라 예상했다. 하지만 6명 중 나를 포함해 2명이 붙었다. 그래서 결과물을 잘 내는 것과 더불어 토의에 잘 참여하여 개인 평가 점수를 높게 받는 것이 중요하다.

결론

그룹 토의 면접은 실무진 면접이나 임원 면접과 다르게 미리 준비할 수 없는 면접이다. 주제가 광범위해서 어떤 주제가 나올지 예측하기도 힘들다. 하지만 적어도 그룹 토의 면접 때 시간을 어떻게 분배해야 할지 알고, 어떻게 내가 평가되는지를 이해하고 있다면 좋은 결과를 얻을 수 있다.

11
그룹 토의 면접 때
포지셔닝 전략

그룹 토의 면접 평가 기준

앞장에 이어서 그룹 토의 면접에 대해 계속 얘기해보려고 한다. 팀원끼리 토의하여 좋은 결과물을 뽑아낼 수 있는가도 중요하지만, 자신의 개별 참여 과정이 더 중요하다. 팀에 어떻게 기여했는지, 어떤 태도로 참여했는지를 면접관이 평가한다. 그런데 무엇을 평가하는지는 알겠는데, 그 기준을 알기는 어렵다.

그룹 토의 면접에 대해서 ○○ 대기업 인사담당자는 다음과 같은 평가 기준을 제시했다.

① 집단 내 개인 활동 및 상호작용

② 대립/갈등 해결 방식 및 태도

③ 논리를 풀어나가는 능력 및 경청하는 능력

이 3개를 골고루 충족해야 그룹 토의 면접에 합격할 수 있다는 것이다.

첫째는 집단 내에서 동떨어져 있지 않고, 잘 융화할 수 있는지를 확인한다. 다른 사람과 상호작용하는 것은 조직 활동의 필수이기 때문이다.

둘째는 의견이 충돌할 때, 사람들과 어떻게 해결해나가는지를 확인한다. 만약 서로를 존중하지 않고 유연히 대처하지 않으면 무조건 마이너스 요소로 작용한다.

셋째는 나의 주장을 논리적으로 제시하여 다른 사람을 설득할 수 있는지, 그리고 다른 사람의 의견에 귀 기울이는지를 확인한다. 주장할 때는 항상 근거를 기반으로 말해야 한다. 다른 사람의 이야기에 경청하는 것은 인간관계에서 필수 능력이다.

결론적으로 지원자는 앞서 언급한 세 가지 기준에 따라 평가되므로, 그 기준에 맞는 능력을 면접관에게 보여줄 수 있어야 한다. 그렇다면 어떻게 해야 면접관에게 그런 능력을 어필할 수 있을까? 그게 바로 이제부터 얘기할 포지셔닝 전략이다. 나를 명확하게 포지셔닝해야 면접관에게 충분히 어필할 수 있고, 그룹 토의 면접에서 좋은 평가를 받을 수 있다.

좋은 평가를 받기 위한 포지셔닝 전략 두 가지

포지셔닝 전략에는 두 가지가 있다.

①마에스트로 포지셔닝

②아이디어 디벨롭퍼 포지셔닝

두 가지 중 한 가지 이상의 전략을 취하면 면접관이 원하는 기준을 충족할 수 있다. 두 가지를 동시에 취할 수 있다면 최고다.

1. 마에스트로 포지셔닝

첫째는 마에스트로 포지셔닝이다. 좋은 아이디어를 내는 사람이나 적극적인 사람보다 팀원들을 잘 중재하는 사람이 더 좋은 평가를 받는다. 중재자는 적극적으로 하는 사람보다 덜 눈에 띄지만, 매우 중요한 역할을 하는 사람이다. 면접관도 그 중요성을 잘 알고 있다.

실제로 ○○ 대기업 인사담당자 인터뷰에 따르면, 논리적 아이디어를 내는 것보다 다른 사람과 상호작용하면서 의견 중재를 잘하는 사람을 더 강조했다. 평가의 우선권이 아이디어 제시보다 상호작용 및 커뮤니케이션에 있다는 것이다. 다시 말해 조직 내에서 개인 간 상호작용을 더 잘하는지를 충분히 검증하면, 그다음에 논리적으로 아이디어를 펼치는지 보는 것이다.

그래서 마에스트로 포지셔닝은 평가에서 매우 유리한 위치를 선점할 수 있다. 면접을 시작할 때 팀 토의를 잘 중재하는 사람이 되어야 한다.

마에스트로 포지셔닝이 해야 할 일

중재자가 해야 할 일이 있다.

1) 시간을 어떻게 분배해서 쓸지 정하고 그에 맞춰 회의가 진행되도록 이끌어 나가야 한다

예를 들어 나는 그룹 토의 면접 때 팀원끼리 본격적으로 회의하기 전에 시간을 어떻게 분배해서 쓸지 제안했다. 1시간이라고 하면 다음과 같이 분배했다.

5분 : 각자 주제와 요구 사항 읽기

15분 : 그룹 토의

20분 : 선택된 결과물 디벨롭

10분 : 필요한 것과 뺄 것 정하기

10분 : 장표 만들기

처음 5분 동안은 각자 논제와 요구 사항을 읽는 시간을 가지기로 했다. 어떤 주제를 가지고 토의하는지 팀원 모두 제대로 이해하고 있어야 소통이 활발하게 진행될 수 있기 때문이다.

다음으로 15분 동안 각자 생각한 아이디어를 자유롭게 제안한다. 그리고 팀원들끼리 어떤 아이디어가 최종 결과물로 좋을지 결정한다.

아이디어 선정이 끝나면 아이디어를 발전시키는 시간이 있어야한다. 제일 많이 고민하고 공을 들여야 한다. 아이디어를 어떻게 발전시키냐에 따라 결과물의 질이 달라지기 때문이다.

결과물 구성이 다 끝난 후에는 10분 동안 팀원이 함께 모여 처음부터 끝까지 쭉 훑어보면서 불필요한 것을 빼는 작업을 한다.

마지막 10분 동안 발표할 장표를 만든다.

이런 식으로 시간을 체계적으로 나눠서 토의를 진행할 수 있도록 해야 한다.

2) 중재자는 아이디어 제안 시간에 내용이 산으로 가지 않게 중심을 잡아주어야 한다

아이디어를 제안하는 15분 동안에 다양한 의견이 나온다. 간혹 주제에서 벗어나는 이야기를 하는 사람도 있다. 이때는 팀원들이 주제를 잊지 않도록 상기시켜주어야 한다. 아이디어를 잘못 낸 팀원의 마음이 상하지 않도록 예의 바르게 얘기하는 것도 전략이다.

두 가지 할 일을 1시간 동안 잘 수행하면, 적극적으로 의견을 개진한 사람보다 오히려 더 좋은 평가를 받을 수 있다. 그와 동시에 팀이 흔들리지 않고 중심을 잡도록 이끌었으므로 결과물도 좋게 나올수밖에 없다. 다른 길로 새서 결과물 만드는 시간이 부족할 일이 없기 때문이다.

2. 아이디어 디벨롭퍼 포지셔닝

둘째는 아이디어 디벨롭퍼 포지셔닝이다. 결과물의 핵심 아이디어를 제시하는 것도 중요하고 그래서 좋은 점수를 받을 확률이 높아지지만, 더 중요한 것은 그 아이디어를 어떻게 발전시켰는지다. 좋은 아이디어지만 제대로 발전시키지 못해 결과물이 빈약해지면 좋은 평가를 받을 수 없다. 그래서 아이디어를 잘 발전시키는 과정이 잘 진행되도록 이끄는 역할이 '아이디어 디벨롭퍼'다.

○○ 대기업 인사담당자의 인터뷰에 따르면, 지원자가 제일 경계해야 할 태도가 있다. 좋은 점수를 받으려고 면접관의 눈에 띄기 위해 다른 사람의 의견에 귀 기울이지않고, 자기주장만 고집스럽게 밀

고 나가는 것이다. 인사담당자에 의하면 이런 사람들은 아무리 적극적이어도 점수에 반영되지 않고 오히려 감점 요인이라고 언급한다.

이러한 태도는 당연히 지양해야 한다. 평가 기준 중에 제일 중요한 것이 '경청'과 다른 사람과의 '상호작용'이다. 다른 사람을 존중하는 모습을 보이지 않는다면 그룹 토의 면접에서 결코 좋은 점수를 받을 수 없다.

내 경험에 의하면 이런 모습을 보인 사람이 꽤 있었다. 6명 중 2명은 과도한 행동을 취해서 면접관에게 자신을 강하게 어필하려는 모습을 너무 노골적으로 드러냈다. 나는 처음에 그 사람들의 기에 눌렸다. 면접이 끝나고 나서, "나도 저렇게 해야 했나?" 하는 생각도 들었다. 하지만 결과는 나에게 웃어줬고, 그 사람들에게는 웃어주지 않았다. 면접관들도 그 과도한 행동을 정확하게 파악하고 있던 것이다.

인사담당자가 언급한 경계해야 할 태도를 반대로 해석해보자. 다른 사람의 의견에 귀 기울이고 내 주장만 고집하지 않는 것이 중요하다. 결국 토의 면접은 같이 힘을 합해 좋은 결과물을 만들어내는 것이다. 그 과정에서 자신만의 주장을 밀기보다 다른 사람의 의견을 듣는 것이 좋다. 더 좋은 의견이 있다면 그것을 어떻게 발전시킬수 있을지 같이 귀 기울이고 고민해야 한다. 이게 바로 '아이디어 디벨롭퍼'이다.

아이디어 디벨롭퍼 포지셔닝이 해야 할 일

아이디어 디벨롭퍼 포지셔닝이 해야 할 일은 다음과 같다.

1) 팀원이 제시한 의견이 괜찮은 의견이라면 공감하기

20분 동안 아이디어를 발전시킬 때 좋은 의견이 많이 나온다. 그러면 마음속으로만 괜찮다고 생각하지 말고, 좋은 의견이라고 적극적으로 말해주자.

예를 들어 "○○가 말한 그 의견 정말 좋은 것 같다. 이것을 조금 더 살릴 방안이 없을까?" 이런 식으로 말하면 좋다.

2) 공감에 덧붙여 의견에 대한 자기 생각, 그 의견에 추가할 수 있는 발전적 아이디어 제시하기

공감에 이어서 그 의견에 대한 자기 생각을 더 얹어준다면 정말 좋은 평가를 받을 수 있다. 왜냐하면 다른 사람의 의견을 '경청'한다는 것을 보여주는 동시에 적극적으로 아이디어를 제시하는 모습을 보여줄 수 있기 때문이다.

예를 들어 "○○가 말한 의견에 매우 동감해. 나도 비슷한 생각(자신 의견)을 해봤는데 이 두 가지를 ○○(방법)하게 조합해서 ○○(결과물)를 만들 수 있지 않을까?"라고 말하면 된다.

3) 주제에 벗어나는 의견은 좋은 말로 쳐내기

이것은 중재자 역할과 유사하다. 아이디어를 발전시킬 때 결과물이 산으로 가는 모습을 보인다면, 과감하게 하지만 예의 바르게 거절할 수 있어야 한다.

예를 들어 "○○가 제시한 ○○(의견)는 지금 우리가 결과물로 구성할 항목과 연계되어 있지 않은 것 같아. 다른 대안이 없을까?" 이렇게 할 말은 명확히 하면서 상대방을 존중한다는 느낌을 계속 주어야 한다.

4) 의견을 물어보는 태도 보이기(특정 사람을 호명해서 물어봐도 좋음)

적극적으로 다른 사람을 호명하면서 의견을 물어보는 모습을 보이면 정말 좋다. "○○(사람)는 ○○(의견)에 대해 어떻게 생각해? 아니면 다른 좋은 의견 있어?" 이렇게 먼저 물어보는 것이다. 그러면 팀원 중 소외되는 사람 없이 토의에 참여할 수 있다.

결론적으로 아이디어 디벨롭퍼가 해야 할 일은 다른 지원자보다 조금 많지만, 생각보다 어렵지 않다. 중요한 것은 다른 사람의 의견에 공감하고 자기 의견도 어필하는 것이다. 이것은 면접관에게 매우 좋은 인상을 심어줄 수 있다. 존중하는 커뮤니케이션의 기본 조건은 '경청'과 '공감'이기 때문이다. 경청과 공감은 조직 생활의 필수요건이다. 그래서 이 포지셔닝 역시 좋은 평가를 받을 수 있다.

결론

적극적으로 의견을 제시하고 핵심 아이디어를 제안하는 활동은 결과물을 내는 데 매우 중요하지만, 그보다 더 중요한 역할은 위에서 말한 두 가지다. 마에스트로와 아이디어 디벨롭퍼. 두 가지 포지셔닝을 둘 다 취하면 정말 베스트다. 그런데 이 포지셔닝이 하는 모든 일을 소화하기는 어려울 수 있으므로, 하나의 포지셔닝만 취해도 다른 사람보다 좋은 평가를 얻어낼 수 있다.

마지막으로 포지셔닝 전략에 더해 추가 팁을 말하고 마치겠다. 발표하는 것을 싫어하지 않는다면, 발표자를 하겠다고 자원하는 것이 좋다. 발표자에겐 무조건 가점이 있다. 자신이 발표를 못 한다고 생각하지 않다면 자신 있게 손들고 발표자를 해야 한다.

발표자에게 가점이 있다는 것을 아는 취업 준비생이 많다. 그래서 자원자가 더 있을 텐데 자신이 꼭 하고 싶다고 강하게 어필하는 것이 좋다. 어쩔 수 없이 하지 못했다 해도 낙담할 필요는 없다.

두 포지셔닝 전략만 잘 취해도 좋은 점수를 얻을 수 있다. 포지셔닝 전략으로 그룹 토의 면접에서 좋은 평가를 받기 바란다.

12
임원 면접 진행방식과 예상 질문

임원 면접은 생각보다 까다롭다

드디어 임원 면접까지 왔다. 임원 면접은 면접 전형의 맨 마지막 단계다. 그래서 이 면접만 통과하면 최종 합격의 기쁨을 누릴 수 있다. 그런데 나에게는 임원 면접이 정말 까다로웠다. 임원의 위치에 있는 면접관의 압박이 생각보다 컸다.

임원은 회사의 정점에 있는 의사결정자이므로 회사에 대한 이해도가 매우 높다. 그래서 기업분석을 제대로 하지 않으면 감점받을 확률이 높다. 대답 하나하나에 더 신중할 수밖에 없다.

임원 면접이 까다롭게 느껴지긴 해도 돌파구는 있다. 실무진 면접과 비교해 지원자를 보는 관점이 다를 뿐, 해야 할 답변은 비슷하다. 직무역량 검증, 지원자 성향 및 인성, 회사 지원동기 및 목표가 답변 하나하나에 잘 드러나야 한다.

임원 면접의 질문은 대부분 공통질문이다. 그래서 앞장에서 설명한 공통질문 유형 네 가지를 꼭 공부해야 한다. 앞장에서 답변 스크립트 작성법을 설명했으니, 이번 장은 임원 면접 진행방식과 질문 속에 담긴 의도를 짚고 넘어가겠다.

임원 면접 진행방식과 질문 속에 담긴 의도

진행방식은 실무진 대면 면접과 같다. 지원자에게 공통질문을 한 후에, 자기소개서를 기반으로 궁금한 것을 질문한다. 그런데 실무진 대면 면접과 차이가 있다. 임원 면접에서는 지원자의 면접 태도와 인성을 평가한다. 지원자의 생각, 가치관을 파악하여 회사에 잘 어울리는 직원이 될지를 평가한다.

임원 면접에서는 직무역량을 깊이 있게 평가하지 않는다. 임원은 구체적 직무를 수행하는 사람이 아니라, 회사의 경영을 담당하는 사람이기 때문이다. 그리고 임원 면접을 보기 전에 1차로 실무진 면접을 통과한 사람만 걸러냈기 때문에, 직무역량에 대한 검증은 끝났다고 생각하고 면접을 진행한다. 물론 가끔 직무역량과 관련해 질문하는 임원도 있지만 크게 문제 될 것은 없다. 이미 실무진 면접에서 받은 질문일 확률이 높으므로 답변 스크립트를 잘 암기하면 수월하게 답변할 수 있다.

임원 면접은 공통질문 위주로 이뤄진다.

①1분 자기소개

②직무 관련 경험에 대한 자세한 설명(지원 직무 관련 질문)

③직무 경험 외에 협업한 경험(지원자의 성향/인성)
④자신이 생각하는 회사의 미래(기업 지원동기 및 회사 관심도)

각 질문에 대해 어떤 방식으로 질문하는지, 임원들은 지원자의 어떤 역량을 확인하고 싶어 하는지 알아보겠다.

1. 1분 자기소개

내가 임원 면접에 들어가 처음 받은 질문은 1분 자기소개다. 대부분의 면접이 첫 질문으로 1분 자기소개를 요구한다. 면접관이 1분 자기소개를 요청하는 이유는 명확하다. "내가 30분이라는 짧은 면접 시간 동안, 너의(지원자) 역량 중 어떤 것을 평가할 수 있을지 말해라." 면접관 3명 중 2명은 자기소개서를 꼼꼼하게 읽어보지 않고 속독하며 읽기 때문에 1분 자기소개를 주의 깊게 들으려 한다.

2. 직무 관련 경험에 대한 자세한 설명

1분 자기소개에서 나의 인턴십 경험을 듣더니, 더 자세하게 알고 싶은지 이에 대해 질문했다. 임원 면접관이 직무역량에 관련된 질문을 할 때도 있다. 다만 깊게 물어보지는 않는다. 이 질문처럼 그 경험에서 자신이 무슨 역할을 했는지, 어떤 기여를 했는지에 대한 답변 정도를 요구한다.

이 질문은 단순히 '아, 직무 경험을 잘했구나.'를 평가하는 것은 아니다. 무슨 역할을 맡았는지를 확인하여 지원자가 그 경험에서 무임

승차를 했는지 제대로 배우고 얻어간 것이 있는지를 파악한다. 실무진과 다르게 임원이 이 질문에 더 주목하는 것은 지원자의 '책임감'과 '열정'을 알아보고 싶기 때문이다.

3. 직무 경험 외에 협업한 경험

인턴십에 대한 설명을 다 듣고 난 후에는 직무 경험 외에 다른 사람들과 같이 협업한 프로젝트가 있는지를 물어보았다. 이 질문도 나의 예상 범주에 있었다. 왜냐하면 나의 이력서에는 '데이터 사이언스 직무' 관련 경험 외에 다른 경험이 없기 때문이다. 그래서 면접 때 이 질문이 나올 것이라 예상하여 답변 스크립트를 작성했다.

이 질문의 평가 요소는 명확하다. '도전 의식'과 '조직 융화 능력'이다. 회사에서는 항상 같은 일만 반복하지 않는다. 기업의 수명을 늘리기 위해서는 새로운 사업을 끊임없이 발굴하고 기존 사업을 더 발전시켜야 한다. 그래서 끊임없는 과감하게 도전하여 회사의 미래를 이끌어 갈 신입사원을 요구하는 것이다. 당연히 '도전 의식'이 주요 평가 항목 중 하나가 된다.

그런데 더 중요한 것이 있다. '조직 융화 능력'이다. 대기업에는 많은 팀이 있고, 팀 안에 많은 팀원이 있다. 다양한 개성을 지닌 사람들이 있을 수밖에 없다. 팀 안에서 생각과 개성이 다른 타인을 존중하면서 협업하는 것은 매우 중요하다. 회사의 조직문화를 잘 유지하고 내부 불화 없이 원활하게 잘 경영하는 것이 임원의 핵심 역할이기 때문에, 조직 융화 능력을 더 중점적으로 평가할 수밖에 없다.

4. 자신이 생각하는 회사의 미래

처음에 이 질문을 받았을 때 조금 당황했다. 위의 세 질문은 예상 질문이어서 답변 스크립트를 철저히 준비했다. 그런데 신입사원 면접에서 사회적 이슈와 회사의 미래를 묻는 말을 하리라고는 예상하지 못했다.

나는 어려운 질문을 받고 1분 동안 생각할 시간을 달라고 요청했다. 예상하지 못한 질문이라 생각을 정리할 시간이 필요했다. 정말 다행히도 그때 'IT 뉴스 읽기 습관'이 힘을 발휘했다.

나는 실무진 면접에 대비해서 IT 관련 뉴스를 시간 날 때마다 틈틈이 읽었다. 면접 보기 전날에는 질문과 관련한 뉴스를 읽었다. 그래서 적절한 답변이 떠올랐다. 생각을 정리한 후에 최대한 침착하게 내 생각을 풀어나갈 수 있었다.

면접을 준비하는 틈틈이 자신이 지원한 직무 관련 사회 이슈와 트렌드 관련 기사를 읽는 것은 임원 면접에서 큰 도움이 될 수 있다. 가끔 어려운 질문을 받거나 예상하지 못한 질문을 받으면 나처럼 '생각하는 시간 1분'을 활용하는 것이 유용하다. 생각할 시간을 달라는 요청을 거절하는 면접관은 없다. 오히려 제대로 생각하지 않고 급하게 답변하는 지원자보다 더 좋은 인상을 심어줄 수 있다.

결론

실전 임원 면접에 들어가기 전에, 어떤 질문이 나올지 대략 파악하고 있으면 면접 준비가 수월해진다. 예상 질문에서 크게 벗어나지 않을 것이라는 안정감도 생긴다. 그러므로 꼭 알아두어야 한다.

위의 네 가지가 내가 임원 면접에서 받은 질문인 동시에 면접관 공통질문 유형이다. 추가로 세부 꼬리 질문도 있었지만, 어렵지 않은 질문이라 제외했다. 공통질문 면접 답변 스크립트는 실무진 면접, 임원 면접 모두에게 적용된다. 임원 면접이라고 해서 다른 답변 스크립트를 만들 필요는 없다. 실무진 면접 때 작성한 답변 스크립트를 그대로 활용하여 준비하면 된다. 면접관이 지원자를 바라보는 평가 기준만 다를 뿐, 답변 메커니즘은 같다. 자신을 꼭 강하게 어필해야겠다고 하면, 답변 스크립트의 각 답변 마지막 줄에 포부를 한 문장 정도 작성해서 간절함을 보여주는 것도 임원 면접에서 취할 수 있는 좋은 전략이다.

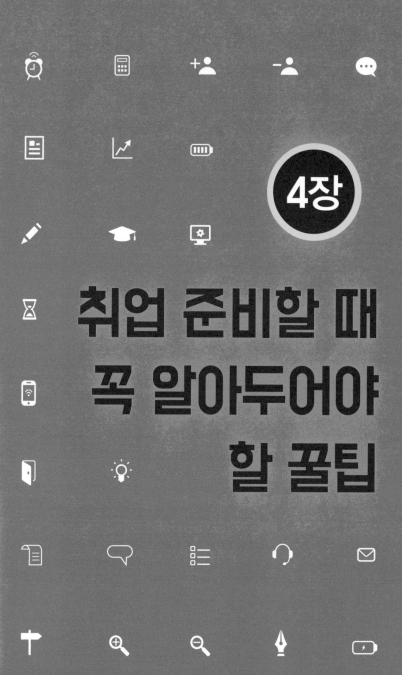

4장

취업 준비할 때
꼭 알아두어야
할 꿀팁

1
희망 직무와 일관성 있는
대외활동 갖추기

좋은 스펙의 기준 가운데 제일 중요한
'희망 직무와 일관성 있는 대외활동'

'좋은 스펙'의 기준은 무엇일까? 나는 '좋은 스펙'의 기준을 다음과 같이 세 가지로 정의한다. 희망 직무와 일관성 있는 대외활동, 학점, 외국어 자격이다.

이 책을 읽는 취업 준비생이라면 졸업자거나 졸업예정자일 것이다. 그래서 학점을 극적으로 올리는 것은 사실상 불가능하다. 학점은 무조건 높을수록 좋다는 정도로만 간단하게 언급하고 넘어가겠다.

위의 세 가지 기준을 잘 만족하면 '좋은 스펙'을 가졌다고 말할 수 있다. 많은 취업 컨설팅 기관에서 이 세 가지를 강조하는 이유가 있다. 조금 더 솔직하게 말해보자.

학점이 낮고, 직무 관련 활동도 없다? ⇒ 이력서에 채울 내용이 없다. ⇒ 자기소개서에 담을 내용도 없다. ⇒ 자기소개서 '필터링' 대상이다.

그래서 이 세 가지는 '좋은 스펙'의 기준이며, 취업 합격을 위한 필수조건이다. '좋은 스펙'을 갖추고 있지 않다면, 취업 난이도는 급격히 올라간다. 아무리 자기소개서를 괜찮게 썼다고 해도, 서류 전형 채점자가 제대로 읽어보지도 않는 상황이 발생한다.

여러 다양한 스펙 조건 중 내가 제일 중요하게 생각하는 것이 바로 '희망 직무와 일관성 있는 대외활동'이다. 이 활동에 대해 자세하게 이야기해 보자.

희망 직무와 일관성 있는 대외활동은 필수

'좋은 스펙'을 갖추기 위해 제일 필요한 것은 희망 직무와 일관성 있는 대외활동을 갖추는 것이다. 모든 스펙을 통틀어 제일 중요하다고 생각한다. 학점이 약간 낮아도, 외국어 자격 점수가 약간 부족해도 이 스펙을 매력적으로 잘 갖추고 있다면 서류 전형 평가자의 눈에 들 가능성이 한층 올라간다. 그러면 내가 지원한 직무 및 실제 현업과 관련 있는 활동에 어떤 것이 있을까?

취업 준비생은 대학을 다니면서 많든 적든 학업 외 활동을 했을 것이다. 취업을 위해 일찍부터 직무 관련 대외활동을 한 사람도 있고, 직무와 그다지 관련 없이 취미 생활이나 인간관계를 쌓기 위한 활동을 한 사람도 있을 것이다. 대학생들이 할 수 있는 대표 활동으로 인턴, 학회, 스터디, 팀 프로젝트, 동아리가 있다.

전자에 해당하는 지원자의 서류 전형 합격률은 높다. 학점과 외국어 자격을 잘 갖추고, 자기소개서에 자신의 경험을 잘 녹인다면 서류 전형에 무난히 통과할 수 있을 것이다.

그런데 후자에 해당하는 지원자는 애매하다. 활동을 이것저것 하긴 했지만, 딱히 직무와의 연관성이 안 느껴지기 때문이다. 이 지원자는 서류 전형을 준비할 때 난감한 상황을 마주한다. 자신이 그동안 해온 활동을 자기소개서를 쓰려는데 지원 직무와 어떻게 엮어낼지 감이 오지 않기 때문이다. 이력서에 채워 넣을 마땅한 스펙이 없어 대부분이 공란으로 비워둔다.

이 후자에 해당하는 사람이라면 무조건 희망 직무와 일관성 있는 대외활동을 하나라도 갖추어야 한다. 그래서 지금부터라도 인턴십을 할 수 있는 것을 열심히 찾아서 꼭 하기를 권한다.

'자신이 지원하고 싶은 직무와 관련 있는 인턴십을 경험하기.' (어차피 인턴십이므로 지금 당장 자신이 가고 싶은 회사가 아니어도 괜찮다.) 이것은 가고 싶은 회사에 들어가기 위한 필수조건이다.

1. 인턴십이 최고의 '직무와 일관성 있는 대외활동'

다양한 대외활동이 있지만 나는 취업 준비생에게 무조건 인턴십(혹은 단기 계약직)을 추천한다. 사실 '좋은 학점 갖추기' 전략은 사실상 불가능하다. 이 책을 읽고 있는 취업 준비생은 보통 4학년 이상일 텐데, 1년 만에 학점을 극적으로 올린다는 것은 불가능하다. 학점이 좋은(4.0 이상) 구직자라면 인턴십이 아니어도 다른 대외활동으로 커버할 수 있다. '정보처리기사' 같이 회사에서 인정해주는 직무 관련 자격증을 따서 취업에 도전하는 것이 효율적이다.

그런데 대부분이 그렇지 않은 것을 알고 있다. 학점이 4.0보다 낮아서 인턴십밖에 방법이 없다고 해도 슬퍼할 필요는 없다. 인턴도 요즘에는 합격하기 어렵다고 하지만, 이 고비를 뚫어내면 스펙에 매우 큰 도움이 된다. 취업 준비생이 가질 수 있는 스펙 중 가장 강력한 무기는 바로 '인턴 경험 및 실무 경험'이다.

만약 인턴에 합격해서 인턴십을 수행하고 스펙에 쌓을 한 줄을 채우기만 한다면, 그것만으로도 인턴십 외에 다른 활동을 한 경쟁자보다 높은 확률로 유리하다고 자신 있게 말할 수 있다. 인턴도 합격하기 어렵다고 생각하는 취업 준비생은 뒷장의 '도전해봐야 하는 인턴 채용 세 가지'를 참고하기 바란다.

2. 인턴십에 떨어졌다면 플랜 B 대외활동

모든 사람이 인턴 경험을 갖추기는 어려울 것이다. 그런 사람들을 위한 보완책이 필요하다. 그래서 플랜 B로 추천하는 활동이 '직무 관련 팀 프로젝트'다. 만약 자신이 지원하는 직무가 전공과 관련되어 있다면 학교 수업 때 하는 팀 프로젝트도 좋다. 전공과 관련되어 있지 않다면 '공모전', '대회 출전'과 같은 팀 활동도 좋은 경험이다. 만약 수상했다면 더 메리트가 크다.

자신이 인턴십을 하기에는 조금 부담스럽거나 합격하기 어려울 것 같다면 플랜 B도 괜찮다. 실무 경험까지는 아니어도 '공모전'이나 '대회'같은 팀 프로젝트 활동은 직무 관련 역량을 어필하기에 충분히 좋은 경험이다.

플랜 B 활동을 했다면 자기소개서에 자신이 맡았던 역할 위주로 프로젝트 과정을 구체적으로 작성해야 한다. 플랜 B는 실무 경험만큼의 강점은 없지만, 직무역량에 대한 어필을 충분히 할 수 있다.

만약 플랜 B 활동도 갖추지 못했다면, '좋은 스펙'의 첫 번째 기준을 달성했다고 하기 어렵다. 그런데 위에서 말했듯이 '희망 직무와 관련성 높은 활동'은 좋은 스펙을 갖추기 위한 조건 중 제일 중요하다. 그래서 플랜 A나 플랜 B를 갖추지 못한 취업 준비생이라면 지원서를 계속 넣어 양으로 승부하는 것보다, 한 학기 쉬고 그 기간에 인턴십 스펙을 추가하는 것이 좋다.

결론

첫 번째 조건인 '희망 직무와 관련성 높은 활동'은 서류 전형 평가의 50% 이상을 차지하는 매우 중요한 사항이다. 그러므로 취업 준비 기간을 늘려 이 조건을 만족하는 스펙 하나 쌓는 것이, 자기소개서 첨삭을 더 전문적으로 받는 것보다 훨씬 효과적일 것이다.

서류 전형에서 합격과 불합격을 결정적으로 가르는 것은 자기소개서지만, 합격 확률을 최대한 높여줄 수 있는 것이 바로 이력서에 담긴 스펙이다. 좋은 스펙을 쌓았다는 것은 서류 전형에서 다른 지원자보다 더 유리한 출발점에 서 있다는 의미다.

2
반드시 고득점을 받아야 하는
외국어 자격 및 중요도 비교

공대생이지만 영어 자격 고득점으로
회사 지원의 폭을 넓힐 수 있다

이번 장은 '좋은 스펙' 기준의 마지막 조건인 외국어 자격에 관해 얘기해보겠다. 나는 공대생이어서 외국어의 중요성을 크게 느끼지 못했다. 내가 공학 전공을 그대로 살려서 제조업 회사의 엔지니어 직무에 지원했다면, 외국어 자격은 큰 걸림돌이 되지 않았을 것이다. 보통 엔지니어에게는 높은 수준의 영어 등급을 요구하지 않기 때문이다.

그런데 나는 내가 갈 수 있는 산업군의 영역을 넓히고 싶었다. 그래서 나는 오픽 IH, 토스 7이라는 좋은 영어 스피킹 성적을 달성했고, 이 고득점 점수를 무기로 삼아 다양한 회사에 지원하여 높은 합격률을 달성할 수 있었다. 이제 나의 얘기를 마치고, 꼭 고득점을 받아야 하는 외국어 자격에 대해 언급하겠다. 먼저 외국어 자격시험 중에서 제일 중요한 '영어 인증 시험'에 대해서 얘기해보려고 한다.

1. 꼭 고득점을 받아야 하는 영어 자격

영어 인증 시험은 대표적으로 OPIc, TOEIC SPEAKING, SPA와 같은 영어 스피킹 시험과 TOEIC, TOEFL, TEPS와 같은 일반 영어 시험이 있다. 영어 스피킹을 먼저 자세히 얘기해보면, OPIc과 TOEIC SPEAKING이 제일 중요하다.

OPIc과 TOEIC SPEAKING은 모든 대기업에서 인정해주므로, 이 두 개 중 하나는 꼭 고득점을 따야 한다. 높을수록 무조건 가산점이 있다.

참고로 SPA는 외국어 능력을 평가하는 기관이다. 여기서 외국인 직원이 자체적으로 시험을 본다. 컴퓨터로 진행하는 것이 아니라 대면으로 만나서 외국인이 다양한 질문을 하고 지원자의 답변을 들으며 평가한다.

OPIc이나 TOEIC SPEAKING 자격을 취득하면 SPA는 필요 없다. 그런데도 언급하는 이유는 두 개의 자격을 보유하고 있어도 현대 계열사, 한화 계열사는 자체적인 SPA 시험을 통해 영어 실력에 대해 추가 검증을 하기 때문이다. 그러므로 SPA가 어떻게 진행되는지는 대략 이해하고 있어야 한다. 진행방식은 '면접' 장에서 언급했던 외국어 면접과 같다.

영어 스피킹은 OPIc 기준으로 IH 이상, TOEIC SPEAKING 기준으로 LV 7 이상이면 '좋은 스펙' 기준을 달성할 수 있다.

영어 시험에는 대표적으로 TOEIC, TOEFL이 있다. 엔지니어 직무를 희망하는 사람이라면 750점 이상만 받아도 충분하다. 하지만 그 외의 모든 직무, 특히 문과 계열은 서류 전형을 안전하게 통과하기 위해서는 850점 이상이 필수다. 그래서 엔지니어, 특수 기술을 요구하는 직무 외 모든 직무는 TOEIC 기준으로 850점 이상이 '좋은 스펙'의 기준이 된다.

TOEFL도 취업 준비생이 많이 준비하는 영어 인증 시험이긴 하지만, 두 시험을 모두 겪어본 나의 경험상 TOEIC 고득점을 받는 것이 TOEFL 고득점보다 훨씬 수월하다.

2. 중요도 비교 : 영어 스피킹(OPIc, TOEIC SPEAKING) vs 일반 영어 시험(TOEIC, TOEFL)

최근 들어 영어 스피킹의 중요성이 주목받으면서 예전보다 일반 영어 시험의 위상이 낮아지긴 했다. 그래서 나도 TOEIC 점수를 더 올릴까 하다가 내려놓고 영어 스피킹 자격을 땄다. 둘 중 하나만 따야 한다면 무조건 영어 스피킹을 딸 것이다.

영어 스피킹이 공부만 열심히 하면 고득점 받기가 훨씬 수월하다. 요즘은 모든 대기업에서 일반 영어 시험보다 영어 스피킹을 더 인정해주고 있다. 그러므로 영어 스피킹이 서류 전형에서 더 유리하다.

만약 두 자격을 동시에 갖고 있다면, 당연히 두 점수 모두 이력서에 작성하면 된다. 외국어 자격을 포함한 모든 자격증은 많을수록 좋다.

그런데 두 자격의 환산점수 간 괴리가 너무 크다면 높은 것만 쓰는 것이 낫다. 예를 들어, 나의 경우 OPIc이 IH, TOEIC SPEAKING이 LV 7이었지만 TOEIC 점수는 800점 초반이었다. TOEIC SPEAKING LV7은 TOEIC 점수로 환산한다고 가정하면 900점 초반이다. 즉 TOEIC SPEAKING이 점수가 더 높다. 그래서 나는 TOEIC 점수를 일부러 기재하지 않았다. 둘 다 기재하면 실제 영어 실력에 대한 혼선을 줄 수 있을 거 같아서 TOEIC SPEAKING이나 OPIc 점수만 기재했다.

정리하겠다. 둘 중 하나만 시험 본다면 영어 스피킹이 무조건 좋다. 자격을 두 개 다 보유하고 있다면 고득점 받은 것으로 기재한다.

3. 중요도 비교 : 영어 vs 제2외국어

결론부터 말하자면, 제2외국어 자격은 있으면 좋고 없어도 문제없는 스펙이다. 자신의 스펙을 더 올려줄 수는 있지만 필수는 아니다. 많은 대기업에서 영어 자격은 필수로 입력하게 되어 있지만, 제2외국어 자격은 그렇지 않다. 보유한 사람만 입력하면 된다. 나 역시 제2외국어 자격이 없었다.

대표적인 제2외국어로 중국어가 있다. 중국어 시험은 HSK가 대표적이다. 삼성 그룹 채용 공고 하단을 보면 중국어 자격을 보유한 사람에게 가점을 부여한다고 적혀 있다. 다른 대기업도 같다. 제2외국어로 중국어가 있다면 추가적인 가점을 부여한다.

좋은 영어 점수에 이어 중국어 자격까지 갖추고 있다면 사실상 정말 좋은 스펙을 보유하는 것이지만, 두 자격 모두 따는 것은 취업 준비생에게 버겁다. 취업 준비생은 외국어 자격을 따는 것 외에, 학점 챙기느라 학교 공부해야 하고 직무 관련 자격증 따야 하고 직무 관련 대외활동도 해야 하기 때문이다. 더 중요한 일이 많으므로 선택 요소인 제2외국어는 다른 활동을 다 완벽하게 한 후 고려해볼 만한 사항이다.

삼성이나 다른 대기업에서 주는 제2외국어 가점은 인·적성 시험 전형에만 해당한다. 그 가점이 면접까지 계속 부여되는 것이 아니라, 인·적성 시험 전형에서 가산점을 조금 부여해주는 것이다.

그래서 제2외국어는 철저히 '서브' 요소라는 점을 기억해두어야 한다. 만약 다른 스펙을 완전히 채운 취업 준비생이라면 제2외국어 자격은 그제야 비로소 빛을 발하는 스펙이 될 것이다.

결론

'외국어 자격까지 높은 점수를 받으라고 하면 취업 준비생으로서 너무 힘든 것 아닌가?'라고 생각할 수 있다. 그런데 외국어 자격에서 높은 점수를 꼭 받아야 하는 이유가 있다.

몇 년 전부터 지금까지 대기업을 지원하는 취업 준비생들의 스펙이 점점 올라가고 있다. TOEIC 고득점은 기본이고, 좋은 학점과 직무 관련 실무 경험은 대기업 합격을 위해 당연한 조건이 되어버렸다.

신입이지만 신입 같지 않은 경험을 가진 지원자를 요구하는 것이 현 취업 시장의 현실이다. 문과 계열의 경우 영어 자격 고득점을 요구하는 대기업이 대부분이다. 그래서 외국어 자격이 필수다.

반면, 이과 계열 직무는 비교적 기대 점수가 덜 높다. OPIc 기준으로 IM2 정도만 되어도 지원자격을 인정해준다. 그래서 실제로 안심하고 기본 지원자격 점수만 맞추는 지원자가 꽤 많다. 이과 계열 직무를 희망하는 지원자는 이 함정을 노려야 한다. 조금 더 열심히 준비해서 영어 스피킹 고득점(IH 이상)을 달성하는 것이다. 그러면 수많은 지원자 서류 사이에서 눈에 띄는 스펙을 보여줄 수 있다.

최근 대기업들은 '글로벌 기업'을 끊임없이 외치면서 직원들이 글로벌 역량을 갖추기를 요구한다. 그래서 신입사원 채용 때 더욱 주목하는 것이 영어 능력이다. 만약 영어 자격조건이 까다로운 직무가 아닌데 고득점을 받는다면, 다른 지원자보다 유리한 위치에서 시작할 수 있다.

3
취업에 성공하려면
석사보다 실무 경험

석사 학위보다 실무 경험이 더 중요하다

솔직히 말하면 석사 학위에 메리트가 있는 것은 맞다. 전공 지식을 2년이나 더 쌓았고, 그 2년을 실무 경험 1년으로 인정해주기 때문이다. 그래서 실무를 1년 이상 경험한 중고 신입이 아닌 이상 '스펙' 면에서 석사 학위를 더 우대할 수밖에 없다.

그런 경향은 이과 계열로 갈수록 더 강하다. 예전에는 석·박사 학위를 딴 사람들이 취업하게 되면 연구개발직으로 많이 갔다. 그 직무는 석·박사끼리의 경쟁이라 학사와는 거리가 먼 얘기였다. 하지만 이제는 상황이 달라졌다. 일반 현업 직무 중에서도 우대 조건에 '석사 학위'를 추가하는 기업이 많아졌다. 다시 말해, 이왕 뽑을 것 조금 더 많이 배운 사람 뽑는다는 것이다. 대기업 입장에서는 전혀 손해 볼 것이 없다. 회사 인력 충원 규모는 계속 줄이고 있지만, 점점 스펙 높은 지원자들이 계속 지원하고 있기 때문이다.

그래서 나는 취업을 준비할 때 석사인 경쟁자들에게 밀릴까 걱정을 많이 했다. 그런데 결론만 말하면 나의 걱정은 큰 문제가 되지 않았다. 수많은 면접을 보니, 굳이 석사가 아니어도 인턴십 실무 경험만으로 충분히 면접관에게 강하게 어필할 기회가 많았기 때문이다. 오히려 다 대 다 면접 때 석사 지원자와 같이 면접을 봤는데, 직무와 관련해서 내가 더 많이 어필한 기억이 있다. 그러므로 석사보다 실무 경험이 더 중요하다.

1. 석사보다 실무 경험이 중요한 이유
: 현장 적응력이 빠른 사람

석사보다 실무 경험이 중요한 첫째 이유는 '실무에 바로 투입할 수 있는 현장 적응력이 빠른 신입사원'을 회사가 선호하기 때문이다. 신입사원은 아직 실무 경험이 거의 없으니 하나하나 가르쳐야 한다. OJT 및 회사 생활에 관해 많은 것을 알려줘야 하고, 회사에 적응할 수 있도록 사수가 많이 도와줘야 한다.

그런데 신입사원 하나를 제대로 일할 수 있는 인력으로 만들기 위해서는 많은 시간과 비용이 든다. 그래서 대기업에서는 어떻게 하면 그 시간과 비용을 줄일 수 있는지항상 고민한다.

제일 효율적인 방법은 적응력이 빠를 것 같은 사람을 선발하는 것이다. 현장에 대한 이해도도 있고 회사에 적응하는 속도가 빠르다면, 그만큼 비용을 절감할 수 있기 때문이다.

'적응력'을 판단하는 기준이 바로 인턴십 또는 다른 회사 재직 같은 직접 실무 경험이다. 인턴십을 예로 들면, 짧으면 두 달에서 길게는 여섯 달 정도 근무한다. 그 기간에 전문적인 OJT를 사수에게 받고, 회사 생활에 관한 여러 가지 도움을 받으면서 어떻게 회사 생활을 해야 하는지를 이해할 수 있다.

회사는 달라도 조직문화와 업무를 배우는 방식은 크게 변하지 않는다. 그래서 인사담당자는 인턴십 같은 실무 경험이 회사에 빠르게 적응하는 데 도움이 될 것이라 확신한다.

이는 통계 결과가 증명한다. 인크루트 취업 포털에서 171명의 기업체 인사담당자를 대상으로 설문조사를 했다. 그 결과 51%가 직무 관련 인턴 경험이 필요하다고 답했다. 그 이유는 '업무 적응이 빠르고, 이해도가 높을 것 같기 때문'이라고 했다.

이 자료가 제시하는 결과는 명확하다. 전공 지식만 열심히 배운 사람이 아니라, 실무에서 그 지식을 어떻게 활용하는지 경험해본 사람을 우선 뽑겠다는 것이다. 실제로 171명의 기업체 인사담당자 중 32%는 '인턴 경험'을 최우선 배점으로 한다고 언급했다.

석사는 학사보다 더 높은 수준의 전공 지식을 배웠지만, 제대로 된 실무 경험은 하지 못한 사람이다. 그래서 인턴십을 경험해본 사람보다 현장 적응력이 느릴 수밖에 없다. 많은 인사담당자가 석사보다 실무 경험을 해본 지원자에게 더 좋은 배점을 줄 수밖에 없는 이유다.

나 역시 경험을 통해 위의 조사 결과가 사실이라는 것을 피부로 느낄 수 있었다. 인·적성 시험을 통과한 후 1차 면접을 보러 갔다. 면접을 보러온 과반수의 지원자에게 인턴 경험이 적어도 한 번 이상 있었다. 최종 면접에서는 그 비율이 더 올라간다.

이것이 의미하는 바는 명백하다. 서류 전형에서 지원자를 평가할 때도 실무 경험을 중요시한다는 것이고, 1차 면접(실무진 면접) 때도 실무 경험을 매우 중요시한다는 것이다. 그래서 석사보다 실무 경험이 훨씬 중요하다.

2. 석사보다 실무 경험이 중요한 이유
: 시간과 비용이 훨씬 효율적

만약 나에게 석사와 인턴 둘 중 한 사람을 고르라고 하면, 나는 무조건 인턴을 고른다. 나의 관점은 '효율적'으로 취업하는 것에 집중되어 있다. 전문성을 살리고 싶고 꿈이 있어서 대학원을 진학하려고 하는 것이 아니라면, 무조건 인턴십이 취업하는 데 훨씬 효율적이다.

석사 학위가 서류 전형에서 유리하게 작용할 수 있어도 인·적성 전형, 면접 전형까지 합격을 보장해주는 것이 결코 아니다. 그 후의 전형은 어디까지나 자신의 역량에 달렸다. 석사 학위를 가졌다고 해도 각 전형을 제대로 준비하지 않으면 가차 없이 떨어진다. 더 좋은 스펙을 가진 사람이라 해도 예외는 없다.

즉 석사라는 학위를 가짐으로써 얻는 혜택은 인턴십을 한 번 경험하고 나서 얻는 이익보다 작다. 인턴십을 하면 직무 관련 경험과 현업 조직에서 일을 해보았다는 것을 증명할 수 있지만, 석사는 직무 관련 전문성만 검증할 수 있기 때문이다.

하지만 인턴십은 2~6개월 정도만 하면 되고, 석사는 학위를 따기 위해 2년 공부해야 한다. 심지어 졸업하기 위해서는 큰 노력을 들여 졸업논문도 써야 한다. 들이는 시간 대비 얻는 것을 비교하면 인턴십이 압도적으로 효율적이다.

3. 석사보다 실무 경험이 중요한 이유
: 면접관의 강한 호감 활용

석사보다 실무 경험이 중요한 마지막 이유는, 면접에서 면접관의 호감을 활용할 수 있기 때문이다. 인턴십을 한 것만으로도 면접관은 지원자에게 충분히 관심을 가진다. 실무자들과의 현업 경험은 면접관이 정말 중요하게 생각하는 요소다.

실무진 면접을 봤을 때 나는 그 중요성을 느낄 수 있었다. 면접관 셋, 면접자 셋으로 진행하는 다 대 다 면접이었다. 면접관이 나의 자기소개서를 보더니, 지원한 직무와 관련된 질문을 했다. "데이터 분석을 할 때 어떤 점이 어려웠습니까?" 나는 내 인턴십 경험을 언급하면서 답변했다. 그러자 면접관이 흡족한 표정을 지으며 "역시 현업 경험을 해본 사람이라 이해도가 높네요."라고 말했다.

인턴 경험과 섞어서 답변하긴 했지만, 사실 이 질문은 꼭 실무 경험을 하지 않아도 충분히 답변할 수 있었다. 하지만 내가 인턴십을 통해 실무 경험을 쌓았다는 사실이 면접관의 '프레임'에 씌워졌고, 좋은 기회로 그 '프레임'을 더 강화하는 답변을 할 수 있었다.

반면에 석사는 회사의 실무 경험을 쌓았다고 할 수 없다. 대학원에서 전공 지식을 더 깊이 공부한 것이기 때문이다. 그래서 현업에 배치되었을 때, 인턴십 경험을 했거나 중고 신입보다 적응 속도가 느릴 것이라고 인식이 깔려 있다. 심지어 취업 도피성 대학원 진학이 아니었는지를 검증하는 깐깐한 면접관도 있다.

석사의 직무 전문성은 인정하지만, 면접관은 석사보다 회사 경험을 조금이라도 한 지원자를 더 선호한다. 그러므로 인사담당자에게 더 좋은 이미지를 형성하고, 그것을 적극적으로 활용하기 위해서는 석사보다 인턴십이 더 중요하다.

결론

석사 2년이라는 시간은 생각보다 긴 시간이다. 오로지 취업을 목적으로 석사를 한다면, 한 번 더 진지하게 고민해볼 필요도 있다. 석사를 하고 나면 직무 전문성도 살리고, 어딜 가든 인정받을 수 있을 거라는 생각을 할 수도 있다. 그런데 취업 시장은 그 2년을 너그럽게 인정해주지 않는다. 취업은 똑똑한 사람을 뽑는 것이 아니라 일 잘하는 사람을 뽑는 것이다. 효율적으로 취업을 준비하려면 실무 경험을 쌓는 것이 더 중요하다.

4
위기가 와도 묵묵히 계속
준비하는 사람이 결국 승자

불합격이라는 시련이 와도 계속 준비해야 한다

나는 두 번의 인턴 취업 준비, 한 번의 공채 취업 준비를 했다. 모든 취업 준비가 정말 힘든 일이었다. 친구들이 인턴을 안 하고 방학을 즐기겠다고 했을 때, 나도 포기할까 생각했다. 그런데 나와 친구들이 가고자 하는 방향은 달랐다.

쉬면서 천천히 취업을 준비하려는 친구도 있고, 공대생에게 유리한 기업에만 지원하겠다는 친구도 있었다. 후자가 많았다. 나도 그들처럼 마음먹었다면 사실 인턴 준비를 안 할 수도 있었다.

그런데 나는 부지런히 활동 경험을 쌓아서 더 다양한 회사에 지원할 수 있는 여건을 만들었다. 많은 회사에서 뽑고 싶어 하는 지원자가 되고 싶었다. 나는 3학년이 끝나갈 때부터 인턴 준비를 시작했다. 첫 인턴 취업 준비는 처참했다. 제조업뿐 아니라 다양한 회사에 지원했다. 그런데 제조업이 아니라면 나의 역량을 보여줄 만한 활동이 없었다. 여기서 한 번 쓰라린 좌절을 맛봤다. 그래도 굴하지 않고 꾸준히 지원한 결과, 좋은 기업에 합격해 인턴십을 할 수 있었다.

두 번째 인턴도 마찬가지였다. 합격률은 첫 번째 인턴 취업 준비보다 높았지만, 내가 가장 합격하고 싶은 회사는 떨어졌다. 첫 번째 인턴 때 좌절한 것보다 더 마음이 아팠다. 공채 취업 준비 때도 마찬가지였다. 서류 전형, 인·적성 전형, 면접 전형 각 전형마다 떨어지는 기업이 생길 때 멘탈이 흔들릴 수밖에 없었다.

취업 준비를 할 때 정신적·체력적 위기 상황에서 꾸준함을 유지하려면 어떻게 해야 할까?

1. 다른 사람과 비교하지 않기

나는 항상 경쟁해야 하는 상황에 마주했을 때, 끊임없이 다른 사람과 비교하곤 했다. 비교가 습관이 되다 보니, 취업 준비를 할 때도 주변 친구들이나 지원자들을 보면서 내가 가진 스펙과 비교했다.

계속 비교를 하다 보니, 나보다 스펙과 능력이 뛰어난 사람을 만났다. 나는 그 사람을 생각하면서 자신을 계속 채찍질했다. '그 사람보다 더 뛰어난 사람이 되어야 하니까 나는 더 노력해야 해!' 나는 나를 절벽으로 몰아세웠다.

하지만 남들과 나를 비교하는 것은 좋은 습관이 아니다. 잠깐의 비교는 더 자극하고 동기를 부여하게 해줄 수 있지만 끊임없이 비교의 늪에 빠지게 되면 자존감이 낮아지고 취업의 의지도 무력해진다.

취업 준비를 할 때 많은 취업 준비생이 다른 사람과 비교하는 순간이 있다. 인·적성 시험 때이다. 시험이 끝나고 취업 사이트에서 특정 문제 답이 몇 번인지 맞혀보는 것은 안 좋은 습관이다. 답이 맞았는지 틀렸는지 알았다고 해서 시험 결과가 바뀌지 않는다. 묵묵히 다음 시험을 준비하는 사람이 멘탈 관리를 잘하는 것이고, 다음 시험에서 침착하게 잘 볼 확률이 높아진다.

사람은 심리상 자신이 잘했는지 못했는지를 다른 사람과 비교하며 끊임없이 확인하려고 한다. 면접도 마찬가지다. 나도 면접을 보고 난 후, 같이 면접 본 사람들과 후기에 대해 많은 얘기를 나눴다. 다른 사람과 비교해 내가 잘 봤는지 못 봤는지 내 나름대로 끊임없이 평가했다. 다른 사람보다 내가 못했다 싶으면 그 기억이 계속 머릿속에서 떠나지 않았다.

이렇게 멘탈이 흔들리면 다음 회사 인·적성 시험, 면접에 영향을 줄 수밖에 없다. 남들과 비교하지 말고 내가 갈 길을 가자. 현재 자신이 준비하고 있는 것에 집중하고 최선을 다하면 그것으로 충분하다.

2. 탈락에서 보완점을 찾는다

취업 준비를 시작하면 어쩔 수 없이 마주해야 하는 것이 있다. 결과 발표다. 내가 합격했는지 불합격했는지를 확인해야만 한다. 첫 취업 준비 때는 그 결과가 처참하다. 서류 전형에서 수없이 많은 '불합격'이라는 글자를 보게 된다. 나름대로 스펙을 열심히 쌓고, 자기소개서도 첨삭 받아 괜찮게 썼다고 생각했지만 불합격이라는 세 글자가 비웃기라도 하듯 취준생을 괴롭힌다. 살아오면서 이렇게 많은 거절을 당해본 적이 없는 지원자는 그때 멘탈이 세게 흔들린다.

하지만 긍정적으로 생각하는 연습을 해야 한다. 불합격은 현재 자신이 부족한 것을 깨닫고 더 보완할 것이 많다는 것을 아는 기회다. 그만큼 취업하기 위해서 치열하게 준비해온 사람이 많고, 그 틈에서 더 뛰어난 지원자가 되기 위해 꾸준히 노력해야 한다는 사실도 알 수 있다.

탈락 후에는 어떤 것을 보완해야 하는지 점검하는 것이 좋다. 예를 들어 서류 전형에서 많이 탈락했다고 하자. 그러면 두 가지를 점검해야 한다. 내가 자기소개서를 형편없이 썼거나 직무와 관련 있는 경험/스펙을 보유하지 않은 것이다. 탈락의 원인이 뚜렷하므로 준비해야 할 것도 명확하다. 위기를 기회 삼아 부족한 스펙을 추가하고, 자기소개서를 더 완벽하게 만드는 작업이 필요하다. 인·적성 시험에서 탈락했다면 더 명확하다. 인·적성 문제를 다른 사람보다 많이 틀리고 적게 푼 것이다.

실무진 면접, 임원 면접에서 탈락했다면 자신이 쓴 예상 질문 답변 스크립트를 다시 점검해야 한다. 완벽하게 암기하고 면접에 임했는지, 답변 스크립트 내용이 나의 강점과 경험을 어필하기에 충분했는지를 확인해야 한다. 사전과제 면접이나 그룹 토의 면접은 앞서 '면접' 장에서 알려준 공략법을 참고해 준비해야 한다.

'불합격'이라는 세 글자를 보면 언제나 마음이 쓰라리다. 자주 마주해도 적응이 되지 않는다. 앞으로도 힘든 시기를 겪을 것이지만 위기를 기회로 삼아야 한다. 부족한 것을 완벽하게 보완하면 다음 취업 준비 때 다시 오지 않을 위기이기도 하다. 연습이 아닌 실전을 통해 스스로를 검증했다고 생각하고, 재준비하는 시기를 가져야 한다.

3. 가고 싶은 회사만 집중하는 마인드 버리기

취업 준비생이라면 가고 싶은 회사가 다들 하나씩 있을 것이다. 나도 취업 준비를 할 때 꼭 가고 싶은 회사 1, 2지망을 정해 두었다. 그래서 두 회사에 들어가기 위해 더 열심히 준비했다. 면접 때도 면접관에게 절박하게 어필했다.

가고 싶은 회사 1, 2지망을 정해 두는 것은 좋다. 그런데 '여기 아니면 절대 안 갈 거야.'라는 생각은 버려야 한다. 가고 싶은 회사라는 것은 어디까지나 자신의 희망 사항이고, 그 회사가 여러분을 뽑아줄 것이라는 기대를 하지 않아야 한다.

취업 준비를 할 때는 지원하는 회사마다 최선을 다해서 준비해야 한다. 나도 그랬다. 내가 가고 싶은 회사를 더 열심히 준비했지만, 다른 회사 준비에 절대 소홀하지 않았다. 심지어 나중에 취업이 끝나고 내가 쓴 자기소개서를 읽어보니, 가고 싶은 회사 리스트에 없었던 회사의 자기소개서가 제일 마음에 들었다.

가고 싶은 회사에 떨어졌을 때 마음이 제일 아프긴 하다. 그날은 아무것도 하고 싶지 않다. 하지만 가고 싶은 회사에 떨어졌다고 해서, 그 순간 모든 취업 준비를 포기하고 다음 학기를 노리는 어리석은 짓은 하지 않길 바란다.

일단 붙은 회사의 취업 준비를 계속해야 한다. 붙은 회사 안에 여전히 3지망이 남아 있다면 아직 기회가 있다. 붙은 회사가 몇 개 없다면 그 회사만이라도 붙도록 최선을 다해 노력해야 한다. 가고 싶은 회사에 떨어져 낙심할 수 있지만, 그건 일단 다른 회사에 최종 합격하고 나서 생각하자.

1순위 회사에 꼭 가고 싶다면, 최종 합격한 회사에서 일하면서 1~2년 경력을 쌓고 '중고 신입'이 되어서 다시 도전하는 것이 훨씬 낫다. 1순위 회사가 반드시 첫 회사일 필요는 없다. 최종 합격한 회사에 다니다 보면 하는 일이 적성에 맞을 수도 있고, 경력을 쌓아 나중에 다시 지원할 수도 있다.

결론

위기를 극복해내는 사람들에게는 공통점이 있다. '꾸준함'이다. 멘탈이 흔들려도 거기서 주저앉지 않고 계속 자기 일을 하는 사람이다. 이 사람들의 저력은 무섭다. 지금 실패했다고 해도 성공할 때까지 도전하기 때문이다.

꾸준함은 취업뿐 아니라 모든 성공의 원동력이다. 취업 준비생으로 준비 기간이 길어 힘들겠지만, 그 시기를 잘 견뎌내고 매 순간 꾸준하게 최선을 다하는 사람이 승자가 된다는 것을 잊지 않아야 한다.

누구나 멘탈이 흔들린다. 하지만 그 좌절 후에 묵묵히 다른 회사에 지원하고 자신의 포트폴리오를 업데이트하는 사람이 최종 승자가 될 것이다.

5
대기업을
강조하는 이유

대기업에 지원자가 몰리는 현실

몇 년 전부터 취업 시장은 급격하게 변화하고 있다. 우리나라에도 스타트업 붐이 일어나면서 수많은 스타트업이 등장했고, 인력 채용 시장은 더 다양한 회사에서 더 다양한 일자리가 생겼다. 대학을 갓 졸업한 신규 구직자들도 각자의 꿈을 따라서 소신 지원을 하는 듯이 보인다. 만약 이것이 제대로 이루어진다면 분명히 좋은 현상이다. 그런데 결론부터 얘기하면, 취업난은 전혀 해결되지 않았다.

대기업 지원 쏠림 현상은 더 심해지고 취업 준비생의 취업은 더 어려워졌다. 일자리가 늘어나긴 했지만, 직원들에게 대기업만큼의 급여를 줄 수 있는 기업이 거의 없기 때문이다. 당연히 대기업에 지원자가 몰릴 수밖에 없다. 어차피 똑같은 직무를 지원하면 비슷한 일을 하게 될 텐데, 이왕이면 돈을 더 많이 주고 이름값도 있는 대기업에 가는 것이 무조건 이득이기 때문이다.

　대부분의 기업은 이런 취업 준비생의 마음을 모르거나 무시한다. 내가 취업 관련 앱을 보다가 씁쓸했던 기억이 하나 있다. 대기업 A의 채용 공고에 데이터 분석 직무가 있었다. 요구 사항에 컴퓨터/전산/통계 관련 전공자, 우대 조건에 R/PYTHON을 다룰 수 있는 사람이라고 쓰여 있었다. 그 공고를 본 직후에 이름을 처음 들어보는 신생 스타트업의 채용 공고를 봤다. 동일하게 데이터 분석 직무를 뽑고 있었다. 요구 사항에 컴퓨터/통계 관련 전공자, R/PYTHON 능숙자, 데이터 분석 관련 실무 경험 유경험자가 있었고, 우대 조건에 'HADOOP, SPARK를 활용하여 대용량 데이터 수집 및 전처리를 할 수 있는 자'라고 쓰여 있었다.

　누가 봐도 둘의 차이가 명확하게 느껴진다. 신생 기업은 '만능'이고 숙련된 신입 지원자를 요구하면서 월급은 대기업보다 적게 준다. 반면 대기업은 교육/IT 인프라가 매우 잘 갖추어져 있으니, 신입사원에게 기본 역량이 있으면 나머지는 교육과 현업 배치를 통해 키우겠다는 생각이고, 직원이 만족할 만큼의 급여와 복지도 제공한다.

　그래서 내가 '대기업' 취업 준비를 중심으로 설명하는 것도 이런 이유에서다. "나는 이 기업(대기업이 아닌 중소기업이나 스타트업)이 비전도 있고, 내가 목표하는 미래와 연결되어 있어! 그래서 여기를 소신껏 지원하겠어!"라고 한다면 그 의견 충분히 존중한다. 그런데 현실적으로 생각해보자. 왜 대기업에 가야 하는지.

1. 미래 안정성

핫한 스타트업에 합격하면 급격한 성장을 이뤄서 급여도 대기업 만큼은 아니지만 괜찮게 준다. 그런데 매년 수없이 탄생하는 스타트업 중 살아남는 기업은 단 1%다. 이 회사가 운이 좋게도 매출이 안정되어 1%에 들어갔다고 가정해도 또 한 가지 문제가 있다. 살아남은 1% 기업의 생존 수명이 10년이라고 한다. 10년 단위로 극적 혁신을 하지 않으면 도태되고 망한다는 것이다. 자신이 합격한 스타트업이 혁신을 할 수 있을 거라는 보장이 있을까? 내 생각에는 적어도 대기업이 스타트업보다 혁신을 하기에 좋은 인프라를 갖추고 있다.

그래서 스타트업이 10년 뒤 도태되어 사라질 확률보다 대기업이 사라질 확률이 훨씬 낮다고 자신 있게 말할 수 있다. 그러면 고용 안정성은 당연히 대기업이 더 클 수밖에 없다. 경기 불황이나 매출 저조가 일어나도 대기업은 견뎌낼 자금이 충분히 있지만, 스타트업은 그렇지 않다. 대기업에 정규직으로 합격한다면, 회사에 큰 손실을 끼치는 행위를 하지 않는 이상 회사에서 내쳐지는 일은 없다.

2. 차이 나는 급여

중소기업은 인력난을 겪고 있는데, 반대로 청년 실업자가 많다는 뉴스가 의미하는 것은 명확하다. 더 빡빡한 노동을 하는데, 받는 임금은 대기업보다 훨씬 적다. 이것이 사실이다.

왜 정부에서 중소기업을 다니는 청년들을 대상으로 '청년내일채움공제'와 같은 혜택을 끊임없이 주려고 하는 걸까? 중소기업에서 요구하는 인력의 수요는 계속 늘어나고 있는데, 중소기업에 지원하는 사람은 계속 줄어들고 있기 때문이다.

최근에 유튜브에서 중소기업 임금 체불과 관련한 영상을 접하고 매우 씁쓸했다. 물론 튼튼하고 좋은 중소기업이 더 많다. 하지만 그 중소기업은 자금/매출 구조가 튼튼하지 않은 기업이었다. 임금은 노동자가 당연히 받아야 할 권리인데, 그 기본권마저 침해당하고 있다는 사실이 너무 안타까웠다.

정부의 인증을 받은 튼튼한 중견기업, 강소기업, 유니콘 스타트업을 제외하면 실제로 이러한 상황이 중소기업에서 발생한다. 그래서 지원자는 임금을 제대로 보장받고 더 많이 받을 수 있는 대기업으로 더더욱 몰릴 수밖에 없다.

대기업과 중소기업 간 임금 격차는 뉴스 기사로 쉽게 접할 수 있다. 초봉이 약 1,000만 원 이상 차이가 난다. 이러한 상황이 지속하면 격차는 더 벌어진다.

3. 나의 커리어 개발

일단 대기업에 입사하면 다른 회사보다 확실히 이름값이 있는 것은 사실이다. 또 신입사원 교육 인프라도 매우 잘 갖춰져 있다. 신입으로 입사하면 회사에서 자체 교육을 시행한다. 부서 배치를 받으면 각 부서에 사수가 있다. 사수의 도움으로 빠르게 회사 적응도 하고, 맡은 업무를 잘 수행할 수 있는 비결도 배운다. 그래서 스타트업이나 중소기업에 비해 업무를 더 체계적으로 배울 수 있다.

회사의 적극적 교육 지원, 체계적 업무 수행, 사수의 도움 아래에서 대기업 신입사원은 더 효율적으로 빠르게 성장할 수 있다. 자신의 커리어를 탄탄하게 쌓아 나가게 된다.

대기업에서 오래 일을 하며 경력을 쌓으면, 다시 취업 시장에 나왔을 때 유리한 위치를 차지할 수 있다. 많은 사람이 인정하는 대기업에서 탄탄대로 커리어를 쌓아 왔다는 것 자체가(물론 열심히 노력해야겠지만) 어느 정도 능력이 검증된 사람이기 때문이다.

결론

최근 정부에서는 기업 간 격차 해소와 구직자 대기업 쏠림 현상을 막기 위해서 다양한 노력을 하고 있다. 하지만 내 생각에는 단기간에 해소할 수 없으며 결국 지속하는 취업난을 막지 못할 것으로 본다. 근본적인 문제를 극복하지 않으면, 여전히 대기업에 메리트가 있다. 내가 쓴 이 책의 모든 전략도 다 대기업에 초점을 맞추어 설명한 것이다. 어차피 해야 하는 취업, (미래는 개선될지 모르나) 좀 더 열심히 노력해서 대기업에 합격하는 것이 자신의 커리어와 미래를 위해서도 더 좋다.

6
학교 취업 홈페이지
최대한 활용하기

나는 대학교에 다니면서 등록금이 항상 아깝다고 생각했다. 한 학기에 그 정도의 금액을 지급하기에는 학교에서 내게 주는 혜택이 너무 적다고 생각했기 때문이다. 그런데 유일하게 마지막 학기에는 아깝다고 느끼지 않았다. 학교 경력개발센터의 다양한 취업 관련 프로그램을 충분히 활용하며 이익을 챙길 수 있었다.

학교 경력개발센터에서 주최하는 프로그램은 매우 체계적이고 전문적이다. 나 역시 정말 많은 도움을 받았다. 취직 선배와의 멘토링, 모의 면접, 자기소개서 첨삭 등 취업에 꼭 필요한 프로그램에 참여해 많은 혜택을 받았다. 제일 중요한 것은 무료라는 점이다. 학교에서 비용을 지원해주기 때문이다. 돈을 내야 하는 프로그램이라고 해도 전혀 비싸지 않다. 그래서 외부 컨설팅 업체에 돈을 많이 내면서 취업을 준비할 이유가 전혀 없다.

내가 취업 얘기를 할 때 항상 강조하는 것이 있다. '효율성'이다. 컨설팅 업체를 이용하려면 비싼 돈까지 내는데, 좋은 컨설팅 업체인지 아닌지 후기를 보며 검증도 해야 한다. 게다가 결과가 마음에 안 들면 돈만 날리는 것이다. 그런데 학교에서 진행하는 취업 프로그램은 자주 열리는 동시에 돈도 거의 들지 않는다. 즉 비용에 대한 부담을 가질 필요도 없고, 첨삭/컨설팅 결과가 마음에 안 들면 다른 프로그램을 신청하면 된다. 또 자신이 만족할 때까지 계속 받을 수 있다.

학교 취업 홈페이지 최대한 활용하는 법

학교의 모든 취업 프로그램은 학교에서 만든 온라인 경력개발센터 홈페이지에서 한눈에 확인하고 신청할 수 있다. 이제부터 학교 경력개발센터 홈페이지를 어떻게 활용하는지 알아보자.

각 학교에 취업 관련 센터 홈페이지가 있으므로 그 홈페이지를 참고하면 된다. 모든 학교를 예시로 들 순 없으니, 내가 다닌 학교의 홈페이지를 기준으로 설명하겠다. 학교 경력개발센터 홈페이지에서는 세 가지 유용한 정보를 얻을 수 있다.

1. 취업 행사

홈페이지에서 취업 행사/캠퍼스 리쿠르팅 관련 메뉴를 들어가면 캠퍼스 설명회 목록이 나온다. 어떤 회사가 우리 학교에 와서 채용 설명회를 열 것인지에 대한 계획들이 나와 있다. 상세 내용을 클릭해서 들어가면 더 자세한 정보를 얻을 수 있다.

학교를 직접 돌아다니면서 정보를 확인하기에는 비효율적이지만, 이렇게 홈페이지에서는 한눈에 확인할 수 있다. 구직자라면 들어가고 싶은 회사를 몇 개 골라서 채용 설명회에 참가하면 된다.

2-1. 채용 정보 (일반 채용)

다음으로 활용해야 할 정보는 채용 정보다. 현재 채용을 시행하는 회사 목록이 모두 나온다. 채용 공고를 낸 회사, 공고 내용, 선발 타입(정규직/계약직), 마감 기한이 구체적으로 나온다. 정기 공채, 수시 채용 상관없이 채용을 시행한다면 웬만한 회사는 전부 나온다. 그래서 매일매일 들어가서 꾸준히 공고를 확인해봐야 한다. 그중 자신이 어떤 회사에 지원할지를 결정해야 한다.

2-2. 채용 정보 (추천 채용)

여기서 한 가지 더 유용한 정보가 있다. 바로 추천 채용이다. 이것이 학교 경력개발센터에서 얻을 수 있는 가장 큰 혜택이다. 일반 채용처럼 자주 열리는 공고는 아니지만, 그래도 정기적으로 추천 채용 공고가 올라온다. 이 추천 채용은 인기가 많다. 금방 마감되므로 자주 들어가서 확인해야 한다. 인기가 많은 이유는 간단하다. 학교장의 추천을 받고 지원하는 채용이기 때문이다. 그래서 일단 지원할 때 가산점을 받는다. 즉 다른 사람보다 유리한 위치에서 시작할 수 있거나 경쟁률이 매우 낮을 확률이 높다.

산학협력 인턴도 채용 공고에 올라온다. 학교와 연계 사업을 맺은 회사가 꽤 있다. 이 회사에 채용을 의뢰하면 경력개발센터에서 정기적으로 채용 공고를 올린다. 그러면 취업을 준비하는 사람들이 많이 지원한다. 요즘은 인턴으로 합격하는 것도 정말 어려워져서 산학협력 인턴의 인기가 매우 높다.

학교 경력개발센터에서 얻을 수 있는 혜택 중 제일 큰 것이 바로 이 추천 채용이다. 내가 계속 강조한 '실무 경험'을 할 기회를 쉽게 얻을 수 있기 때문이다. 일반 채용 인턴십이었다면 떨어질 수 있지만, 추천 채용에 지원하면 합격 가능성을 많이 높일 수 있다.

3. 취업 교육

그리고 학교 경력개발센터 홈페이지에 꼭 있어야 하는 취업 교육 메뉴가 있다. 취업 관련하여 정말 다양한 프로그램들이 오픈되어 있다. 자기소개서 첨삭과 같은 1대1 코칭부터 자기소개서 작성 전략 강의까지 다양한 프로그램을 무료로 이용할 수 있다.

학교와 계약을 맺은 실력 있는 HR 컨설팅 업체에서 주관하는 프로그램도 많으므로 적극적으로 활용하는 것이 좋다. 현재 자신에게 부족한 것이 무엇인지 잘 생각해보고, 필요한 프로그램을 찾아서 신청하면 된다. 예를 들어 지원동기 항목을 잘 못 쓰겠다면 '항목별 자기소개서 작성전략' 프로그램을 수강하면 된다.

자기소개서뿐 아니라 인·적성시험 대비특강, 인·적성시험 모의고사 같은 인·적성 시험 대비 프로그램도 있다. 모의 면접, 면접 클리닉 같은 면접 대비 프로그램도 잘 갖추어져 있으므로, 정기적으로 홈페이지에 들어가서 오픈된 프로그램을 확인해야 한다.

현직자 인터뷰, 선배와의 대화도 정말 중요한 프로그램이다. 현업 실무자의 경험을 인터뷰하면서 값진 정보를 얻을 수 있기 때문이다. 특히 자신이 지원을 희망하는 회사의 현직자 인터뷰 프로그램이 있다면, 꼭 참여해서 기업정보를 얻고 궁금한 것을 해소해야 한다. 그래야 취업 준비를 할 때 자신이 스스로 기업 분석한 것과 함께 시너지를 낼 수 있다.

결론

위의 1, 2, 3만 잘 활용해도 돈을 아끼면서 효율적으로 취업 준비를 완벽하게 할 수 있다. 세 가지 모두 적극적으로 활용해야 하고, 학교 경력개발센터 홈페이지에서 자주 확인해야 한다.

취업 홈페이지에서 활용해야 할 것을 순서대로 정리하자면 다음과 같다. 매일매일 들어가서 자신이 가고 싶은 회사의 캠퍼스 채용 설명회가 열렸는지 확인한다. 채용 공고가 올라왔다면 어떤 직무가 열렸는지, 내가 지원하려면 어떤 자격을 갖추어야 하는지 확인한다. 추천 채용에 해보고 싶은 인턴십이 열린다면 신속하게 지원해야 한다. 인기가 많아서 금방 마감되기 때문이다. 마지막으로 서류 전형, 인·적성 전형, 면접 전형을 준비할 때 각 전형 준비에 필요한 취업 프로그램을 신청하고 수강한다.

이렇게 학교에서 준비한 취업 프로그램을 최대한 적극적으로 활용해야 최종 합격에 한 발 더 가까이 다가갈 수 있다.

7
도전해봐야 하는
인턴 채용 세 가지

인턴에 붙기 어렵다면 꼭 지원해봐야 하는 인턴 채용 세 가지

이번 장은 지난 장에서 강조한 추천 채용에 대해 자세하게 이야기해 보려고 한다. 추천 채용과 더불어 산학협력, 비공개 채용 인턴도 추가로 설명하겠다.

나는 세 가지를 다 지원해봤다. 그중에 비공개 채용 인턴으로 합격한 회사에서 인턴십을 수행했다. 내가 세 가지 채용에 모두 지원해본 결과, 정말 큰 이득이라는 것을 느낄 수 있었다. 확실히 일반 인턴 채용보다 합격하기 훨씬 쉬웠다.

요즘은 인턴도 정규직 공채만큼 들어가기 어렵다고 할 정도로, 인턴 경쟁 난이도가 매우 높아지고 있다. 정규직을 들어가기 위해서는 실무 경험이 매우 중요한데, 그 실무 경험을 쌓을 수 있는 것이 인턴십이다. 그래서 취업 준비생들이 너도나도 실무 경험 스펙 한 줄을 채우려고 인턴십/계약직을 지원한다. 하지만 높은 경쟁률과 합격 난이도의 벽에 좌절한다.

그래서 내가 말한 세 가지 채용이 해답이 될 수 있다. 인턴 합격 가능성을 조금이라도 높여서 '실무 경험 스펙' 한 줄을 꼭 채워 넣어야 한다. 내 경험을 바탕으로 각각의 인턴 채용에 관해 얘기하겠다.

산학협력 인턴

산학협력 인턴은 학교와 계약을 맺은 기업과 연계해서 인턴십을 수행하는 과정이다. 항상 매 학기 정기적으로 인턴을 모집한다.

산학협력 인턴의 합격률은 높다. 그 이유는 두 가지다.

①제일 마지막에 지원하는 인턴이다.

②네임 벨류 높은 기업이 없다.

첫째, 취업 준비생이 제일 마지막에 고려하는 인턴이기 때문이다. 다른 대기업 인턴 채용에 다 지원하여 어쩔 수 없이 떨어지면 그제야 지원하는 것이 산학협력 인턴이다. 그래서 실력 있는 사람들이 대기업 인턴 채용에 붙고 나면, 남겨진 불합격자 중 일부가 산학협력 인턴을 지원한다. 지원하는 인원 자체도 적고, 같이 경쟁하는 지원자들의 스펙도 사실상 무스펙이다. 그래서 동등한 무스펙 사이에서 경쟁할 수 있다.

둘째, 네임 벨류가 높은 기업이 없기 때문이다. 산학협력 인턴이다 보니 보통 교내에 입주한 작은 회사이거나 학교 근처에 있는 중소기업인 경우가 많다. 사실상 대기업은 산학협력 인턴을 뽑지 않는다. 그래서 취업 준비생들이 선호하지 않는다. "이왕 인턴 하는 거 이름 값 있는 대기업에서 해야지!" 하는 사람이 많다. 그래서 산학협력지원자가 적다. 즉 경쟁률이 낮고 합격하기 쉽다.

물론 작은 기업보다 대기업에서 인턴 하는 것을 더 인정해주는 것은 사실이다. 그러나 대기업이라 해도 인턴 채용 수는 한정되어 있다. 게다가 신입 공채 인원보다 적어서 합격하기 매우 어렵다. 따라서 대기업에만 지원하지 않고 산학협력 인턴 채용에 적극적으로 지원하는 것이 좋다. 네임 벨류가 낮다 해도 아예 실무 경험이 없는 지원자보다 훨씬 가치 있는 지원자가 될 수 있다.

추천 채용 인턴

추천 채용 인턴은 학교장이나 학과장의 추천을 받아 지원하는 채용이다. 그래서 학교마다 인원수 제한이 있다. 채용 공고가 올라오는 것을 보면 회사마다 1~2명 정도만 뽑는 것을 알 수 있다.

한 가지 좋은 점이 있다. 채용 공고에 올라온 최소 자격요건만 충족하면, 스펙에 상관없이 선착순으로 지원자를 받는다. 자격요건을 미리 갖춘 사람 중 채용 공고를 빨리 확인한 사람이 그 자리를 차지할 수 있다. 그래서 스펙이 조금 부족해도 취업의 의지만 있다면 1~2명 안에 들 수 있다.

문제는 그다음이다. 추천 채용 인턴은 합격하기 쉬운 루트인 것은 맞지만, 산학협력 인턴보다 합격하기 어렵다. 두 가지 이유가 있다.

①추천 채용은 서류 전형까지만 혜택이 있다.

②경쟁자 스펙이 좋다.

첫째, 스펙 없이도 합격할 수 있는 것은 서류 전형만이다. 산학협력 인턴은 지원자도 적고 경쟁자들이 무스펙의 비슷한 실력이어서, 면접 때 중간 이상만 가도 합격할 수 있다. 하지만 추천 채용 인턴은 다르다. 서류 전형은 사실상 프리패스지만 그다음 인·적성 시험, 면접은 모두 개인 실력으로 합격해야 한다. 여기서부터는 추천 채용의 힘이 전혀 개입하지 않는다. 그래서 추천 채용은 사실상 서류 전형이 끝나면 일반 채용과 다르지 않다. 일반 채용 취업 준비처럼 인·적성 시험공부를 해야 하고, 면접 준비를 해야 한다.

둘째, 산학협력 인턴과 달리 경쟁자의 스펙이 중간 이상이다. 착각하지 않아야 하는 것이, 추천 채용이라고 해서 추천 채용을 받은 지원자들끼리만 경쟁하는 것이 결코 아니다. 일반 채용으로 지원한 사람들도 서류 전형을 거쳐 인·적성시험을 보고 면접에 올라온다. 실제 면접에 가보면 지원자가 꽤 많다. 일반 채용으로 합격한 지원자와 추천 채용으로 합격한 지원자가 같이 있는 것이다.

그래서 자신의 스펙이 부족한 것 같다면 산학협력 인턴을 경험해본 후 추천 채용 인턴을 지원하거나, 다른 사람의 정량 스펙을 넘어설 수 있는 자신만의 차별화한 강점을 어필해야 한다.

스펙 좋은 경쟁자가 많은 이유는 회사 네임 벨류 때문이다. 각 학교 경력개발센터 홈페이지에 올라오는 추천 채용 공고를 보면 산학협력 인턴과 달리 이름값 있는 회사를 찾을 수 있다. 삼성과 CJ와 같은 대기업에서 추천 채용을 하기도 하고, 유명한 외국계 기업도 추천 채용을 한다. 그래서 어느 정도 스펙을 갖춘 취업 준비생들이 지원한다.

비공개 채용 인턴

마지막은 비공개 채용 인턴이다. 비공개 채용 인턴은 모든 대학교 모든 과에 열리는 공고가 아니다. 특정 학교나 학과를 대상으로 모집공고를 올린다. 그래서 '비공개 채용'이다. 예를 들어 컴퓨터 SW 개발 인턴을 모집한다고 하면, 컴퓨터공학/전산학과 전공 대상으로만 모집공고가 열린다.

그런데 추천 채용처럼 1~2명만 뽑는 것이 아니다. 인원 제한 없이 자격요건을 만족하는 전공자라면 자유롭게 지원할 수 있다. 내가 취업 준비할 때도 산업공학/컴퓨터공학/통계학과 전공자만 대상으로 비공개 인턴 채용 공고가 열린 적이 있다. 그때 산업공학 전공자만 10명 넘게 지원했다.

특정 학교, 특정 전공자 위주로 뽑다 보니, 기본적으로 전체 지원자 수가 일반 공채에 비해 적은 편이다. 그리고 비공개 채용 특성상 서류 합격률 역시 매우 높다. 서류 전형 후부터는 추천 채용과 비슷하다고 생각하면 된다. 난이도가 높은 이유도 같다. 인·적성 시험, 면접 준비 모두 자신의 힘으로 열심히 해야 한다.

추천 채용과 비슷한데도 비공개 채용 인턴을 따로 언급하는 이유가 있다. 대부분의 대기업이 공채 및 수시 채용 외에 비공개 채용 방식을 병행해서 인재를 채용한다. 산학협력에는 절대 공고가 올라오지 않고, 추천 채용에도 가끔 올라온다. 하지만 비공개 채용은 대부분 대기업이다. 특정 학교와 학과에만 공고를 올리다 보니 일반에게 드러나지 않을 뿐이다.

만약 자신의 학교, 자신이 속한 학과에 비공개 채용이 올라온다면 꼭 지원해야 한다. 비공개 채용이 올라오는 학교와 학과라는 것 자체가 그 회사에서 선호하는 인력이라는 것을 증명하기 때문이다.

결론

요즘 취업난이 갈수록 점점 심해지고 있다. 대기업에서는 채용 규모를 조금씩 줄이고, 심지어 공채가 아니라 수시 채용으로 바꾸는 중이다. 기업에서 정기적으로 신입을 뽑는 것이 아니라, 사람이 필요할 때만 공고를 올리겠다는 것이다. 이것은 신입사원을 희망하는 취업 준비생에게는 또 다른 시련이다. 그래서 취업 준비생들은 언제든 공고가 올라오면 바로 지원할 수 있도록 계속 스펙을 쌓고 있다. 최근 몇 년간 스펙 인플레이션이 매우 심해졌다. 많은 지원자가 기업과 연계된 활동을 하나라도 더하려고 한다. 기업에서도 서류 합격 조건을 더욱 까다롭게 만들고 있다.

이 책을 읽고 있는 여러분은 합격 커트라인 안에 들기 위해서 반드시 실무 경험을 해야 한다. 인턴십은 사실상 필수다. 스펙 경쟁이 심화한 탓에 인턴십도 합격하기가 매우 어렵다. 이렇게 안 좋은 일만 첩첩산중인 가운데 조금이라도 더 쉽게 인턴십에 합격할 방법이 내가 이번 장에서 말한 세 가지 인턴십이다.

취업 포털에서 대기업 인턴 채용 공고만 확인하려고 하지 말고, 학교 경력개발센터나 학과 홈페이지 게시판에 올라오는 채용 공고도 매일매일 확인해야 한다. 자격요건을 만족하는 공고가 있다면 최대한 많이 지원해야 한다.

부지런히 도전해야 인턴십을 할 수 있고, 인턴십 스펙을 쌓아야 실무 경험을 입증할 수 있으며, 실무 경험이 있어야 대기업 정규직 공채에 합격할 수 있다.

8

기업 채용 홈페이지 내 직무 소개 및 현직자 인터뷰 활용하기

기업분석의 부족한 10%를 채우는 기업 채용 홈페이지 분석

내가 자기소개서 장에서 기업분석을 할 때 전자공시시스템 DART 를 활용하라고 강조했다. 전자공시시스템에 대부분의 기업정보가 담겨 있으니, 거기 있는 정보만 잘 공부해도 기업분석의 90%는 끝난다. 이제 남은 10%를 채워줘야 한다. 기업이 어떤 사업을 하는지 아는 것도 중요하지만, 내가 희망하는 직무가 실제 어떤 일을 하는지 어떤 역량을 요구하는지도 알아야 한다.

부족한 10%를 채울 수 있는 것이 바로 이번 장에 소개할 '기업 홈페이지 내 직무 소개 및 현직자 인터뷰'이다. 자신이 지원할 회사, 직무의 현직자를 직접 만나서 인터뷰하고 필요한 정보를 얻어가는 것이 최고의 방법이다. 지인을 통해 적극적으로 찾는 사람도 있지만, 많은 취업 준비생이 가고 싶은 회사와 희망하는 직무에 딱 맞는 현직자를 만나기는 어렵다.

간접적으로나마 도움을 받을 수 있는 것이 기업 채용 홈페이지다. 기업 채용 홈페이지에 들어가면 회사 및 직무 관련 소개와 함께 현직자 인터뷰를 읽어볼 수 있다. 이 정보를 적극적으로 활용하면 자기소개서의 질을 높일 수 있다. 예를 들어 자기소개서 질문 유형 3번인 '직무 지원 사유'를 쓸 때, 자신이 회사 현업에서 당장 필요로 하는 신입사원의 역량을 갖췄다고 어필할 수 있다.

이처럼 기업분석을 할 때 DART를 공부하는 것도 중요하지만, 기업 채용 홈페이지 내에 있는 직무 소개 및 현직자 인터뷰도 적극적으로 활용해야 한다.

이제부터 기업 채용 홈페이지의 정보를 어떻게 활용하는지 알아보겠다. 모든 기업 채용 홈페이지에는 두 가지 유용한 정보가 있다.

① 직무 소개

② 현직자 인터뷰

이렇게 두 가지가 있다. 지금 본인이 가고 싶은 회사의 채용 홈페이지를 들어가보자.

직무 소개

채용 홈페이지에 들어가서 메뉴를 보면 직무 소개를 하는 메뉴가 무조건 있다. 클릭해서 들어가면 직무가 나열된 화면을 만날 수 있다. 이 회사에 어떤 직무가 있는지 알 수 있다. 참고로 직무는 그 사람이 해야 할 일을 지정해준 것이고, 하나의 직무 수행을 위해 팀이 여러 개로 나뉘어 있다. 그래서 직무뿐 아니라 어떤 직무 관련 팀이 있는지 아는 것이 중요하다. 이것은 현직자 인터뷰에서 알 수 있으므로 뒤에서 언급하겠다.

본인이 희망하는 직무를 선택하면 직무 관련 설명이 나와있는 것을 확인할 수 있다. 보통 직무에 대한 '한 문장 소개'가 나오고, 그 뒤에 이 직무가 어떤 업무인지 자세하게 나온다. 대부분의 대기업이 이와 같은 형태의 정보를 담고 있다. 이 한 문장 소개는 자기소개서 템플릿 모듈 1번인 '미래 목표'를 작성할 때 도움이 되는 내용이므로 메모해두어야 한다.

구체적인 업무 설명을 읽어보자. 이 직무로 입사하면 어떤 업무를 할 수 있는지에 대해 다양하고 구체적인 정보가 나와 있다. 그래서 내가 어떤 일을 할지 머릿속에 이미지가 그려진다. 이제 여기서 얻은 정보와 머릿속에 그려진 이미지를 자기소개서에 녹여내면 된다. 특히 직무 지원 사유에 적극적으로 어필할 수 있다.

예를 들어, 자율주행 연구개발을 희망 직무로 잡았다고 하자. 그리고 채용 홈페이지 업무 소개에 "MAPPING 기술 개발 및 차량 사업 솔루션을 연구하고 있다."라고 나와 있다고 하자. 그러면 직무 지원 사유를 이렇게 쓸 수 있다.

직무 지원 사유(예시)

학부 시절에 AI 자동화 프로그램 개발 관련 프로젝트를 수행한 적이 있습니다. (과정)을 했습니다. 그래서 그 결과 (결과)했습니다. (배운 점)을 배웠습니다. 이와 같은 경험을 발전시켜 '자율주행 핵심 기술 및 차량 사업 솔루션'을 본격적으로 개발하고 싶었습니다. 그래서 (관련 공부)를 하고, (실무 경험)을 수행했습니다. 이와 같은 실무 경험을 바탕으로 (미래 목표)를 달성하는 것을 목표로 잡았고, ○○(회사)에 입사해서 끊임없는 자기계발을 통해 (목표 - 회사와 엮어서)를 개발하는 데 기여하겠습니다.

위 예시와 같은 방식으로 직무 소개에 담긴 내용과 자신의 실무 경험을 엮어서 임팩트 있는 직무 지원 사유를 완성할 수 있다.

그런데 직무 소개만 읽어서는 조금 부족한 것 같다. 여전히 부족한 10%는 채워지지 않았다. 10%를 채울 수 있는 마지막 퍼즐이 현직자 인터뷰 내용이다.

현직자 인터뷰 내용

대부분의 대기업 채용 홈페이지는 친절하게도 현직자 인터뷰 메뉴가 있다. 우리가 알고 싶은 내용이 자세하게 나와 있다. 제일 중요한 것은 '어떤 일을 하는지'에 대한 정보다. 이 정보를 잘 읽고 기억해야 자기소개서의 '지원동기', '직무 지원 사유'에 기업분석 내용을 조금 더 구체적으로 풀어낼 수 있다.

현직자가 직접 언급한 정보를 알고 있으면, 위에서 내가 작성한 예시보다 더 구체적으로 들어갈 수 있다. 그러면 인사담당자와 면접관에게 더 좋은 인상을 심어줄 수 있다. 지원자가 회사를 제대로 공부해왔다고 느끼기 때문이다.

　보통은 직무 소개 인터뷰가 일반적인데, 조금 더 친절한 대기업은 필요 역량 관련 인터뷰 내용도 기록한다. 이 역량 관련 인터뷰 내용을 주의 깊게 참고하면, 자신이 충분히 경쟁력 있는 지원자가 될 수 있을지 가늠해볼 수 있다. 자신이 보유한 역량이 희망하는 직무에서 요구하는 특정 역량과 일치한다는 것을 자기소개서와 면접에서 더 섬세하게 어필할 수 있다.

　예를 들어 AI 음성 솔루션을 다루는 직무에 지원했다고 해보자. 직무 인터뷰와 역량 인터뷰를 활용해서 자기소개서 '지원동기'를 다음과 같이 더 구체적으로 작성할 수 있다.

[모듈 1] 미래 목표

저는 사람의 음성 언어를 완벽하게 이해하고, 명령에 따라 행동할 수 있는 AI 솔루션을 개발하는 전문가가 되는 것이 목표입니다. 저는 ○○에 입사해서 TTS 기술 고도화를 통해 NUGU가 AI로서 사람들에게 직접 연결되어 더 많은 도움을 줄 수 있도록 기여하고 싶습니다.

[모듈 3] 경험1 - 직무 관련 프로젝트

그래서 저는 이 목표를 달성하기 위한 역량을 키우기 위해 다양한 경험을 했습니다. 그중 ○○를 했습니다. (과정). (결과). (배운 점).

⇒ 여기서 '자연어 처리', '디지털 신호 처리', '프로그래밍 능력'

등의 직무역량을 검증할 수 있는 경험이 나와야 한다.

[모듈 2] 성격과 강점

위 경험을 통해 저는 (직무상 강점)한 강점이 있습니다. 그리고
(직무 관련 유리한 성격)한 성격을 바탕으로 ○○(목표)를 해낼
수 있습니다.

⇒ 여기서 '새로운 지식을 습득하는 것을 좋아한다'라는 성격을
어필해야 한다.

[정리]

위의 경험과 저의 강점 역량을 바탕으로 ○○에서 ○○(목표 – 회
사와 엮어서)를 달성하고 싶습니다.

이렇게 기업 채용 홈페이지에 있는 직무 소개와 현직자 인터뷰를
활용하면, 부족한 10%를 채워서 세심하고 완벽한 자기소개서를 만
들 수 있다.

결론

요즘은 기업에서 유튜브 채널을 열어 채용 관련 영상을 올리기도
한다. 따라서 채용 홈페이지뿐 아니라 유튜브 채널, 기업 SNS를 참
고하는 것도 좋은 전략이다. 기업 채용 홈페이지의 직무 소개와 현직
자 인터뷰는 기업분석의 마지막 10%를 채워주는 중요한 정보다. 이
10%는 자기소개서를 쓸 때나 면접을 볼 때 차이가 드러난다. 즉 기
업 채용 홈페이지의 정보를 잘 활용한 사람이라면 실무진이 꼭 듣고

싶어 하는 맞춤형 답변을 할 수 있다. 그것은 작은 차이로 보이지만, 사실 그 차이가 최종 합격과 불합격을 나누는 경계선이 된다. 단순히 서류 합격, 1차 면접 합격을 넘어서 최종 합격을 하려면 다른 경쟁자보다 더 디테일을 갖추어야 한다는 것을 반드시 기억해야 한다.

기업 채용 홈페이지에서 다양한 정보를 습득하다 보면 자연스럽게 그 기업에 관심을 두게 된다. 더 자세히 공부하게 된다. 이것은 합격으로 가는 좋은 자세다. 회사에 관해 많이 공부하고 관심을 많이 가짐으로써 기계적으로 답변하는 게 아니라 자연스럽게 진심을 담아 어필할 수 있기 때문이다.

기회는 도전하는 자에게 찾아오고, 성공은 노력하는 자에게 찾아온다!

저는 두 번의 인턴 준비와 한 번의 정규직 준비를 하면서 많은 것을 배웠습니다. 취업 준비 하면서 얻은 좋은 정보와 생각을 저 혼자 간직하고 싶지 않았습니다. 분명 지금도 취업을 준비하는 수많은 취업 준비생이 있을 텐데, 그들에게 실질적으로 도움이 되는 이야기를 해주고 싶었습니다.

"이렇게 해라, 저렇게 해라." 잔소리 같은 취업 컨설팅 말고, 최근 취업에 성공한 선배는 어떻게 공부했는지, 무슨 준비를 했는지가 더 도움이 될 것으로 생각했습니다.

사실 처음에는 '취업하는 데 도움을 주고 싶다.'라고 마음속으로 만 생각하고, 어떻게 실천에 옮길지 깊게 생각하지 않았습니다. 그래서 책을 본격적으로 쓰기 시작할 때 걱정이 앞섰던 것은 사실입니다. '내가 해낼 수 있을까?' 이런 생각이 매일매일 들었습니다. 어떤 일이든 처음 도전하는 일에는 많은 용기가 필요하기 때문입니다.

저는 매일 조금씩이라도 글을 쓰려고 노력했습니다. 그 결과 한 권의 책을 완성할 수 있었습니다.

기회는 도전하는 자에게 찾아오고, 성공은 노력하는 자에게 찾아옵니다. 저는 이 말이 맞다고 생각합니다. 적어도 제가 살아온 경험을 봐서 그렇습니다. 취업할 수 있던 것도, 책을 쓸 수 있던 것도 뚜렷한 목표를 세우고 도전했기 때문이고, 그 과정에서 정말 열심히 노력했기 때문입니다.

저도 해냈기에 여러분도 충분히 해낼 수 있습니다. 취업은 최선을 다했는지에 따라 합격과 불합격이 판가름 납니다. 스펙이 괜찮아도 취업하고 싶은 절실한 마음이 없다면 합격할 수 없습니다.

저는 이 책을 통해 제가 가진 모든 비법과 취업 스토리를 알려드렸습니다. 이제 '취업'이라는 하얀 종이 위에 여러분의 이야기를 온전히 써나가기 바랍니다.

끝으로 조건 없이 사랑을 주시는 제 부모님, 제가 꾸준히 글을 쓸 수 있도록 격려해준 사랑하는 수민이, 아낌없는 피드백과 책을 만들 수 있도록 많은 도움을 주신 이용준 프로님께 감사의 말씀을 드립니다. 관심을 가지고 이 책을 읽어주신 모든 분이 원하는 회사에 꼭 합격하기를 진심으로 기원합니다.